K. H. S. Pfaff

Die Reichsstadt Eßlingen und ihr Bürgermeister Georg Wagner

in den Zeiten des dreißigjährigen Kriegs

K. H. S. Pfaff

Die Reichsstadt Eßlingen und ihr Bürgermeister Georg Wagner
in den Zeiten des dreißigjährigen Kriegs

ISBN/EAN: 9783743478787

Hergestellt in Europa, USA, Kanada, Australien, Japan

Cover: Foto ©ninafisch / pixelio.de

K. H. S. Pfaff

Die Reichsstadt Eßlingen und ihr Bürgermeister Georg Wagner

Centulis hæc facies WAGNERI candida viva
Qui quantus fuerit, publica fama docet.
Sicq; ÆMONASTERIUM sic OSNABRUGA loquuntur
Acta RATISBONÆ testificantur idem.
Ipsa PATREM PATRIÆ dum floris Respublica ligit
Agnoscit sese non habuisse parem.

G. F. W. V. I. D.
I. C. S. fec.

Württembergische Neujahrsblätter.
Neue Folge. Blatt 3.

Die Reichsstadt Eßlingen

und

ihr Bürgermeister Georg Wagner

in den Zeiten des dreißigjährigen Kriegs.

Von

Dr. K. H. H. Pfaff.

Mit zwei Bildern.

Stuttgart.
Verlag von D. Gundert.
1898.

I.
Die Reichsstadt.

Wagners Jugend bis zur Anstellung im Dienste seiner Vaterstadt 1605—1627.*)

Die Reichsstadt Eßlingen erfreute sich vom Anfang des 14. bis Mitte des 16. Jahrhunderts einer Verfassung, bei welcher neben dem aristokratischen Element der Geschlechter oder Patrizier das demokratische der Zünfte seinen wohlbemessenen Anteil an der Stadtregierung hatte. Dies wurde anders, als im Jahre 1552 Karl V., wie in den andern schwäbischen Reichsstädten, auch hier den „Hasenrat" einführte, so genannt nach dem Hofrat Heinrich Haas, dessen sich der Kaiser bei Durchführung dieser Maßregel bediente. Durch die neu eingeführte Verfassung wurde der Einfluß der Zünfte ganz zurückgedrängt und alle Macht in die Hände der Geschlechter gelegt.

Die oberste Stadtbehörde war der Geheime Rat, bestehend aus dem Amts- oder regierenden Bürgermeister, zwei Altbürgermeistern und zwei „Geheimen". Das Bürgermeisteramt wechselte jährlich; der abtretende Bürgermeister blieb im Geheimen Rat und wurde Spitalvogt, im folgenden Jahre Kastenvogt; nach Verfluß von drei Jahren wurde

---

*) Die Daten, aus den Akten und Protokollen des Eßlinger Stadtarchivs gezogen, lauten auf den alten Kalender, wenn nicht n. St. (neuen Stils) beigefügt ist. Mehrfach sind auch Doppeldata gegeben, oben der alte, unten der neue Kalender.

er dann nach einem Gebrauch, von dem abzuweichen man sich kaum erlaubte, wieder regierender Bürgermeister. Es wechselten also drei Männer im Besitz des Stadtvorsteher= amts, bis einer von ihnen abging und dann ein Neu= gewählter als Amtsbürgermeister in den Wechsel eintrat, gewöhnlich der erste der beiden Geheimen.

Der also aus fünf Mitgliedern bestehende Geheime Rat, gewöhnlich „Die Geheimen" genannt, führte die Stadtregierung. In dringenden Fällen, besonders bei Gegenständen, welche nicht an die Öffentlichkeit kommen sollten, durfte er für sich allein beraten und beschließen. Gewöhnlich aber wurden die Beschlüsse von dem Kleinen oder Innern Rat insgesamt gefaßt. Zu diesem gehörten neben den fünf Geheimen in zweiter Stelle die sieben Herrn vom Gericht, in dritter die neun Ratsherrn. Diese Herren vom Inneren Rat beriefen nur, wenn sie es für nötig hielten, was in bedenklichen Fällen geschah, wo sie allein die Verantwortung nicht übernehmen wollten, den aus achtzehn Mitgliedern bestehenden Großen oder Äußeren Rat zur Beschlußfassung zusammen. Bisweilen wurden auch Abgeordnete der übrigen Bürgerschaft zur Abstimmung berufen. Um rechtliche Gutachten abzufassen oder auch Anträge zu formulieren, stand dem Rate ein studierter Jurist zur Seite, der übrigens nicht abstimmen durfte. Er führte den Titel Ratsadvokat, Ratssyndikus, auch Rats= konsulent.

Unter den Mitgliedern der beiden Räte bestand ein regelmäßiges Vorrücken: an die Stelle eines Abgehenden trat der Nächstfolgende. In der Woche vor Jakobi (25. Juli) fanden die Neuwahlen zum Ersatz der abgegangenen Mit= glieder statt. Die Wähler waren zwei von den Geheimen, zwei Mitglieder des Kleinen Rats und ein fünfter, den der Große Rat aus der Mitte des Kleinen zu diesen vier hinzuwählen durfte. Hatten diese fünf dann durch Neuwahlen die beiden Räte ergänzt, so trat an Jakobi, dem Schwörtag, der Amtswechsel ein, und die Mitglieder des Kleinen Rats verteilten unter sich die städtischen Ämter. Der Kleine Rat ernannte auch die städtischen Beamten (Offizianten), welche eigentlich die Geschäftslast der Ämter zu tragen hatten, aber im Range tief unter den regierenden Herren standen.

Diese Art der Wahl machte es unmöglich, daß wider den Willen der Herrschenden neue Kräfte in die höheren Kreise sich eindrängten, und so kam die Regierung der Stadt in die Hände weniger Familien, sie wurde eine reine Aristokratie.

Die Standesunterschiede der Bewohnerschaft Eßlingens prägten sich auch in ihren verschiedenen Versammlungsorten aus. In der Burgerstube kamen die Geschlechter zu geselliger Unterhaltung, Familien- und sonstigen Festen zusammen. Eine andre Stube hatten die „ehrlichen Bürger" (Honoratioren), aus deren Mitte gewöhnlich der Große Rat ergänzt wurde. Endlich gestattete die Gnade des Kaisers Karl V. eine dritte Stube für das übrige gemeine Volk. Doch sollten die beiden letzteren Stuben streng überwacht werden, damit keine Konventikel und Praktiken auf denselben vorgehen.

Da die Geschlechter mehr auf ihren, als auf der Stadt Nutzen bedacht waren, artete ihr Regiment bald zu einer Mißregierung aus. Der schwächste Punkt desselben war immer die Finanzverwaltung. Von den Ratsmitgliedern, denen dieselbe übertragen wurde, war selten einer dahin zu bringen, daß er eine genaue Rechnung stellte. Natürlich wurden dadurch auch die Unterbeamten zu Nachlässigkeiten verleitet, und die Verwirrung steigerte sich von Jahr zu Jahr. Schon 1557 ergab sich ein Abmangel in der Stadt-

Eßlingen im 17. Jahrhundert. Nach Merian.

kaffe. 1566 beschloß man, zur Deckung desselben die Steuern zu verdoppeln, vermochte aber dadurch keine Ordnung in das Finanzwesen zu bringen. 1591 steckte die Stadt tief in Schulden, und viele Bürger erklärten, da sie ein Viertel ihres Jahreseinkommens an Steuern zu bezahlen hätten, wollen sie lieber auf ihr Bürgerrecht verzichten. Die Stadt bat nun den Kaiser, Rudolf II. um Erlaubnis zur Erhöhung des Zolls, d. h. Wegegelds. Darauf hin ordnete der Kaiser 1593 eine Kommission zur Untersuchung des Finanzwesens der Stadt an, wodurch die üble Lage desselben erst recht ans Licht kam. Der Stadt wurde nun gestattet, ihre Beiträge zur Kasse des Schwäbischen Kreises herabzusetzen, den Zoll aber zu erhöhen; die württembergischen Unterthanen jedoch mußten von der Zollerhöhung ausgenommen werden, wodurch diese Maßregel ziemlich wirkungslos wurde. Nun beschloß man, die Spitaldörfer, Möhringen und Vaihingen auf den Fildern, auch andre Güter und Gefälle des Spitals zu verkaufen. Ein Käufer würde sich in Person des Herzogs Friedrich von Württemberg gefunden haben, aber die Stadt wurde mit ihm nicht handelseinig (1596). Auch ein Vorschlag des Bürgermeisters Schäublen (1598) zur Ordnung des Finanzwesens konnte nicht durchbringen, da die städtischen Finanzbeamten einer strengen Untersuchung ihrer Verwaltung allerhand Schwierigkeiten in den Weg legten. So ließ man also die Sache eben hangen, und inzwischen brach der große deutsche Krieg aus. (Vergl. Karl Pfaff, Geschichte der Reichsstadt Eßlingen S. 599—603.)

Im November 1618 erschien am Himmel ein „abscheulicher großer Komet" und blieb 30 Tage lang sichtbar. Das bedeutete einen Krieg von 30 Jahren, wie die Astrologen, Theologen und Politiker erklärten. Georg Wagner, dessen Lebenslauf wir erzählen werden, hat als dreizehnjähriger Knabe dieses unheilvolle Vorzeichen erblickt und die nachfolgenden Ereignisse haben die Erinnerung daran in ihm lebendig erhalten.

Noch zu Anfang des Kriegs, ehe Eßlingen unmittelbar von demselben betroffen wurde, trat hier ein Mann auf, der sich, obwohl ein Fremder, ernstlich und eifrig mit der Besserung des Stadtwesens beschäftigte. Es war dies Johann Konrad Kreidenmann, geboren zu Lindau 1577, der sich, nachdem er die Rechtswissenschaft studiert, 1601 hier niedergelassen und die Stelle eines Ratsadvokaten und später (1624) diejenige eines Ratssyndikus erhalten hatte; als solcher ist er 1655 hier gestorben. Er war in vielen Stücken das Vorbild Wagners und später dessen bester Freund. Unendlich viele Gutachten hat er im Dienste des Rates und der Stadt abgefaßt und schon 1623 ein Memorial über Besserung des Zustandes des Stadtwesens geschrieben. Seine Vorschläge sind wohlgemeint, aber es handelte sich nicht sowohl um Erkenntnis des Übels, als um die Kraft und den festen Entschluß, ihm endlich zu Leibe zu gehen. Der Mann dazu war Georg Wagner, der sich durch den ganzen Wust des städtischen Schlendrians mit Ausdauer hindurcharbeitete, der durch sein Beispiel lehrte, was unter geordneter Verwaltung zu verstehen sei, der auch, wenn er es nötig fand, rücksichtslos durchgriff; dadurch hat er sich immer mehr das Zutrauen seiner Mitbürger erworben, so daß sie zuletzt nicht anders konnten, als ihn an die Spitze des Stadtwesens zu stellen.

Die Familie Wagners gehörte nicht zu den alten ratsfähigen Geschlechtern. Sein Vater Georg, geboren 1564, war Tuchscherer. Er wurde 1604 als Schreiber am Kaufhaus städtischer Offiziant, seit 1613 war er Mitglied des Großen Rats, 1624 kam er in den Kleinen Rat und wurde Kaufhausverwalter. In das städtische Kaufhaus mußten die eingeführten Waren zur Verzollung gebracht werden; auch wurde dort auf städtische Kosten der Salz- und Lichterhandel getrieben. Dieser Georg Wagner war dreimal verheiratet; sein erstes Kind von der dritten Frau, Anna geborenen Werner von Heidelberg, die in erster Ehe einen März in Ulm gehabt hatte, war Georg, geboren am Tage Georgii 23. April 1605. Von seinem Vater berichtet Wagner, er sei ein Ratsherr, ein frommer Mann gewesen, von dem er in jenen für die Evangelischen so bedrohlichen Zeiten oftmals die Äußerung gehört habe: ehe er von seiner erkannten Religion und wahrem christlichen Glauben abtrete, wolle er sich eher seinen grauen Kopf auf dem Markte abschlagen lassen. Von ihm hat also der Sohn seinen standhaften Eifer für das evangelische Bekenntnis geerbt.

Der junge Wagner besuchte zuerst die Lateinschule seiner Vaterstadt. Da er sich hier durch Talent, Fleiß und gutes Betragen auszeichnete, beschloß sein Vater, ihn studieren zu lassen. So kam er 1621, sechzehn Jahre alt, nach Tübingen und wurde dort in das Hochmannische Stift aufgenommen. Schon damals war er so aufgeschossen, daß er alles Volk um Haupteslänge überragte. In Tübingen lernte Wagner einen sieben Jahre älteren Studenten der Theologie kennen, welcher zwar gleichen Namens, aber kein Verwandter von ihm war, den Tobias Wagner, eines Kupferschmieds Sohn aus Heidenheim. Mit diesem schloß er innige Freundschaft, und diese befestigte sich noch, als beide hernach in Eßlingen zusammen wirkten, Tobias als Geistlicher, Diakonus und später Pfarrherr oder Superintendent (1624—52), Georg als weltlicher Beamter. Der ältere Freund, zuletzt Kanzler in Tübingen († 1680), hat dem früh verstorbenen jüngeren eine in schwungvollem Latein geschriebene Lebensbeschreibung gewidmet. In dieser berichtet er, daß Georg schon nach drei Jahren mit Lob den Grad eines Magisters erlangt habe und ein trefflicher Prediger, Seelsorger und Verteidiger des evangelischen Glaubens geworden wäre; aber nicht ohne göttliche Eingebung sei er, nachdem er die Erlaubnis seines Vaters erlangt, von der Theologie zur Rechtswissenschaft übergetreten. „Er hatte nämlich gesehen," fährt Tobias Wagner fort, „welch gefährliche Wendung damals die Sache der Evangelischen in Deutschland nahm; wegen des Evangeliums wie ein Auswurf (catharma) vertrieben, eilten Landflüchtige aus Österreich herbei, und ganz offen brohten die Feinde, daß ein besseres Los die Evangelischen im Reiche nicht erwarte." Die Not der Zeit trieb also den jungen Theologen, zur Rechtswissenschaft überzutreten; er studierte mit großem Eifer besonders die Fächer, welche für die Geschäfte des bürgerlichen Lebens notwendig waren, und auch hier hätte er einen akademischen Grad erlangt, wenn nicht die Berufung in die Spitalschreiberei seiner Vaterstadt dazwischen getreten wäre. Daß aber diese Berufung nicht ohne den ausdrücklichen Wunsch Wagners geschah, ist aus den Ratsprotokollen ersichtlich. Unterm 23. November 1626 heißt es, daß Herrn Georg Wagners Sohn einem ehrsamen Rat seinen Dienst anbiete. Antwort: Wann ein Dienst ledig, dazu er qualifiziert, soll seiner gedacht werden. Am 27. März 1627 meldet sich Georg um die Spitalsoberschreiberei, wird aber zur Zeit noch zur Ruhe gewiesen. Am 14. August endlich findet die Spitaldienstverstellung statt. Das oberste Amt, das des Spitalmeisters, erhielt Sebastian Zoller, welcher als Gerichtsherr dem Rate angehörte. Dieser besonders wünschte, daß ihm als tüchtige Arbeitskraft der junge Wagner beigesellt werde, und so erhielt dieser unter elf Bewerbern, obgleich die andern älter waren und mehr Geschäftserfahrung hatten, die Stelle des Oberschreibers. Er selbst sagt: „Zur Oberschreiberei und Spitalverwaltung wurde ich wunderlich, aber legitime (gesetzmäßig) und ordentlich berufen, als dieser Sachen unerfahrener zweiundzwanzigjähriger Student, der ich bei keiner Schreiberei und Rechnungsgeschäft mein Leben lang gewesen."

II.

Eßlingen 1619—1639.

Wagner bei der Spitalverwaltung als Oberschreiber 1627—35, als Spitalmeister bis 1639. Anfänge seiner diplomatischen Thätigkeit. Seine Verheiratung 1630.

Das Spital der h. Katharina zu Eßlingen, gestiftet 1232, hatte ursprünglich die Bestimmung, durchziehende Pilger, bedürftige Wöchnerinnen, Gebrechliche und Lahme aufzunehmen. Es war bald durch Schenkungen zu großem Reichtum gelangt, und hatte um die Wende des 13. Jahrhunderts die Dörfer Möhringen, Vaihingen a. d. Fildern und Deizisau erworben; in denselben besaß es alle Hoheitsrechte. 1331 kaufte es auch die Hälfte von Plochingen, wo es aber die Herrschaft mit Württemberg teilen mußte. Außerdem besaß es im Gebiete der Stadt viele Häuser und Güter, ferner mehrere Höfe, auch Gülten und Gefälle in fast anderthalbhundert Ortschaften Schwabens. Bei guter Verwaltung konnte es nicht nur seinen oben genannten Verpflichtungen nachkommen, sondern auch in Notfällen die Stadt unterstützen. Aber der große Reichtum dieser Stiftung verleitete nur zu oft die Herren derselben, übel zu wirtschaften.

Die Schutzvogtei über das Spital hatte nämlich von Anfang an der Rat zu Eßlingen, und dieser setzte daher auch alle Spitalbeamten ein. Die Oberhoheit der Stadt gegenüber der Stiftung vertrat der Spitalvogt, und diese Würde wurde, wie schon erwähnt, regelmäßig dem abtretenden Amtsbürgermeister übertragen. Als Spitalbeamte standen unter ihm der Spitalmeister, der Spitaloberschreiber, der Stadt- und der Landzinser, welche beide die Einkünfte des Spitals einzuziehen hatten. Dazu kam noch für die Haushaltung des Spitals eine große Anzahl von Bediensteten: ein Küchenmeister, ein Spitalkeller u. a. Der Spitalmeister und der Oberschreiber hatten dem Rate vierteljährlich über die Zu=

stände des Spitals zu berichten, auch die Jahresrechnung zu stellen. Auf ihnen ruhte also die Hauptlast der Geschäfte, sie mußten darauf sehen, daß die Güter des Spitals, welche seit Einführung der Reformation (1531) durch die eingezogenen Besitzungen der hiesigen sechs Klöster vermehrt worden waren, in nutzbringender Weise bebaut, nud daß alle Gefälle richtig eingezogen wurden. Oft mußten sie auf die Spitaldörfer hinausreiten, um nachzusehen, ob die Schultheißen daselbst ihre Pflicht thäten, oder auch, wenn ein Verbrechen dort verübt worden war, die Voruntersuchung zu führen. Dazu hatten sie innerhalb des Spitalgebäudes Küche, Keller und Kornböden zu überwachen, damit kein Unterschleif getrieben würde, und hatten darauf zu sehen, daß die Pfründner des Spitals, so wie die dort verpflegten Armen und Kranken, jeder das ihm Gebührende und Zuträgliche erhalte.

Um in diese seine ordentlichen Geschäfte sich einzuarbeiten, hatte der neue Spitaloberschreiber etwa drei Vierteljahre Zeit bis April 1628; dann aber begannen die außerordentlichen, welche ihn bald gewaltig in Anspruch nehmen sollten.

In den zehn ersten Jahren des dreißigjährigen Kriegs wurde Eßlingen noch nicht unmittelbar durch die kriegerischen Ereignisse betroffen. Neben einer Einquartierung von Unionstruppen in Möhringen und Vahingen im August 1619 waren es hauptsächlich nur Geldopfer, welche der Stadt auferlegt wurden, anfänglich für die Union, welche sich aber 1621 auflöste; dann für Maßregeln zur Verteidigung des Schwäbischen Kreises zuerst gegen die Truppen des Peter Ernst v. Mansfeld (dieser begehrte von der Stadt ein Anlehen von 27000 fl.), dann gegen die Heerscharen Tillys: dafür mußten in die Kreiskasse 4000 fl. bezahlt werden.

Großen Geldverlust verursachten sodann die Kipper und Wipper durch die Münzverschlechterung in den Jahren 1620—24. Die Prägung unterwertiger, ja fast wertloser Münzen, an der sich sogar Fürsten und Städte beteiligten, diese „unerhörte und hochschädliche Schinderei im Münzwesen", sagt Wagner, führte 1) zur Steigerung des Werts der guten Münzen: ein Reichsthaler (= 1 fl. 30 kr.) galt 10, ein Dukaten (= 3 fl.) galt 20 fl.; 2) zum Tauschhandel, den der gemeine Mann gar nicht, große Herren aber gar wohl verstehen; 3) zur Steigerung der Preise der Lebensmittel: ein Laib Brot kostete 1 fl., eine Maß Wein 2 fl. u. s. w. Dieser Verwirrung im Geldwesen wurde nach vier Jahren endlich gesteuert; aber die übeln Nachwirkungen derselben auf die Vermögensverhältnisse und den Handelsverkehr zeigten sich noch viele Jahre.

Zu Anfang des Jahres 1628 erschien der Friedländsche General, Graf Wolfgang v. Mansfeld, im Kreise Schwaben, und dieser Kreis mußte, wie es damals allgemeiner Brauch war, nicht nur den Unterhalt, sondern auch die Besoldung der eingelegten Truppen übernehmen. Es gelang drei Monate lang, durch Geschenke von Geld und von Wein an den General und den Kaiserlichen Kriegskommissär v. Ossa die Einquartierung von Truppen in der Stadt abzuwenden; auch wirkte ihr Ossa im Februar einen kaiserlichen Salva Guardia-Brief aus, welcher sie gegen jede Belästigung durch die „Soldatesca" schützen sollte. Aber im April erließ Mansfeld von Memmingen aus den Befehl, die Stadt müsse den Rittmeister v. Cracow mit seiner Leibkompagnie in ihre Mauern aufnehmen. Alle Protestationen mit Berufung auf die Grundgesetze des Reiches, auf kaiserliche Kapitulationen und auf die Rechte der Stände, an welchen es der Syndikus Kreidenmann nicht fehlen ließ, alle Klagen bei dem Kaiser, dem Kreis und den Kreisfürsten, d. t. dem Herzog von Württemberg und dem Bischof von Konstanz, waren erfolglos. Am 26. April erschien der Quartiermacher des Rittmeisters in der Stadt. In dieser Not, da die aufgeregten Bürger drohten, sie wollen die Soldaten, wenn sie in die Stadt kommen, totschlagen, berief der Bürgermeister Gabelkofer den Kleinen und Großen Rat, und da die Mehrzahl dafür war, die Einquartierung mit Geld abzukaufen, schickte man noch einmal Unterhändler an Cracow, der sich schon in Plochingen befand. Allein diese konnten nichts erreichen, als daß der Rittmeister sich dazu verstand, 15 von seinen Reitern in die Spitalflecken zu verlegen; mit 29 aber wollte er in die Stadt kommen. Für seine Mannschaft verlangte er außer der Verpflegung wöchentlich 350 Reichs= thaler, für sich allein 150. So hielt denn am 26. oder 27. April die Soldatesca ihren Einzug in die Stadt. Der Bürgermeister mit dem Ratsherrn Gilg und mit Kreiben= mann begrüßte den Rittmeister unter dem Thore und überreichte ihm 100 Goldgulden. „Der hat's zwar em= pfangen, aber für nichts geachtet, dann er's nit ansehen mögen" (R. P.). An den folgenden Tagen mußte Wagner, der am 26. April seinen Vater begraben hatte, als Spital= offiziant die 15 Reiter in die Spitalflecken geleiten. Der Rittmeister aber zeigte bald große „Insolenz", fand die Quartiere schlecht und verlangte für sich und seine Leute mehr, als ausbedungen war. „Für seine Person hielt er sich über alle Maßen prächtig, fast einem Fürsten gleich; wenn er in das katholische Kirchlein (im Kaisersheimer Hof an der Burgsteige) ging zur Meß, ließ er sich ein Pferd und eine Kutsche nachführen, gab den Herrn allhie wenig gute Wort" (W.). Diese erste Einquartierung, welche vom 27. April bis 8. Juli dauerte, hat die Stadt nach Kreibenmanns Berechnung 15 000 fl. gekostet. Es folgten ihr bis zum Jahre 1650 mit kurzen Unterbrechungen ver= schiedene andre, welche die Stadt jede Woche allein an barem Gelde ungefähr 1000 fl. kosteten (Kr.). Und waren die lästigen Gäste fort, so kamen die Kriegskommissäre und verlangten von der quartierfreien Stadt Kontribution. Da die gewöhnlichen Steuern zu alle dem natürlich nicht ausreichten und Anlehen bald nicht mehr zu machen waren, mußten außerordentliche Sechstel- oder Halbesteuern eingefordert und neue Steuerquellen aufgesucht werden. Zu Anfang freilich ging es noch. Wagner, der in diesem Jahr zum erstenmal von der Stadt als Unterhändler gebraucht und zu dem in Schorndorf einquartierten Ossa mit der Bitte um Erleichterung abgeschickt wurde, berichtet hievon: „Ich habe auf Befehl und Instruktion mächtig lamentiert und die Unmöglichkeit und Unerträglichkeit vorgeschützet; er lachet aber nur dazu, sagt, wenn ein reicher Bürger in Eßlingen des Tags oder ein Bauer in Württemberg der Wochen nur einen halben Batzen auf des Kaisers Dienst spendiere, könne man alle Lasten ertragen. Und es war fast also; aber wir konnten uns eben nit darein schicken und finden." Auch auf Mannszucht wurde damals noch einigermaßen gehalten und gröbere Ausschreitungen geahndet; so wurden, wie Wagner erzählt, am 12. August 1628 zu Geißlingen fünf Offiziere und fünf Gemeine wegen Straßenraubs enthauptet.

Doch diese Bedrückung durch Quartiere und Kriegssteuern war nur das Vorspiel zu viel schwereren Maßregeln, welche vom Kaiser wie über das ganze protestantische Deutschland, so auch über die Stadt Eßlingen und ihr Spital verhängt wurden, und deren Durchführung, wenn sie gelungen wäre, den gänzlichen finanziellen Ruin derselben herbeigeführt haben würde. Es wurden nämlich von Stadt und Spital alle (nicht nur die seit dem Passauer Vertrag und dem Religionsfrieden von 1552 und 55) eingezogenen Kirchengüter zurückgefordert. Dieser Schlag war schon längst vorbereitet.

Wagner hat in seiner „Relation über die katholische Reformation" aus der Zeit von 1622—28 gegen achtzig Fälle zusammengestellt, in welchen von protestantischen Ständen die Herausgabe von Kirchengütern oder die Wiedereinführung des katholischen Gottesdienstes und der Mönchsorden gefordert und zum Teil durchgesetzt wurde. Während er die Vorfahren des Kaisers Ferdinand II., besonders Max II., der den Gewissenszwang für die schwerste Sünde gehalten habe, wegen ihrer Duldsamkeit rühmt, klagt er heftig über Ferdinand, welcher am Tage vor seiner Erwählung in den Jesuitenorden eingetreten sei, daß er, wenn auch in voller Überzeugung, solches für das Seelenheil seiner Unterthanen thun zu müssen, das Luthertum gänzlich auszurotten suche. „Man sollte keinen Kaiser wählen," sagte er, „der die Augsburger Konfession nicht kennt, damit er einsieht, die evangelische Lehre sei keine Teufelslehre, wie man ihm einbildet." Daneben klagt er über die seit Karl V. aus Spanien eingeführten Bestrebungen der Kaiser, in Deutschland, welches einen aristokratischen Staat mit monarchischer Spitze (regnum reipublicae aristocraticum monarchica administratione temperatum) bilde, eine unbeschränkte Obergewalt (absolutum dominium) einzurichten. Diejenigen, welche dieses Bestreben verteidigen, nennt er „fuchsschwänzige Scribenten."

Was nun Eßlingen selbst betrifft, so erschienen hier zu Anfang des Jahres 1629 zwei Franziskanermönche und verlangten die Herausgabe des Barfüßer- und des St. Clara-Klosters mit Zubehör. Ehe die Mönche im Rat vorgelassen wurden, verständigte man sich unter dem Beirat des von Stuttgart herbeigerufenen württembergischen Rates (späteren Kanzlers) Dr. Andreas Burkhard nach den von Kreidenmann gestellten Anträgen über die zu erteilende Antwort. Als dann am 5. Januar die Mönche dem Rat ihre lateinische Vollmacht vorwiesen und ihre Forderung vorbrachten, mit dem Bedeuten, sie werden über den Erfolg ihrer Sendung dem Kaiser berichten, wurde ihnen geantwortet, man wundere sich über ihre unberechtigte Forderung, die beiden Klöster seien schon 1536, also lange vor dem Passauer Vertrag, in das Eigentum

der Stadt übergegangen. Die Mönche erwiderten, sie
glauben, daß der Passauer Vertrag auf die Klöster als
auf bona ecclesiastica (Kirchengüter) sich nicht beziehe;
übrigens wollen sie nur ihr Eigentumsrecht auf die Klöster
feststellen, damit im Fall der Herausgabe kein anderer
Orden ihnen zuvorkomme. Nach einigen weiteren Reden
und Gegenreden wurden die Franziskaner mit einer Wein=
verehrung entlassen.

Das am 24. Februar/6. März erschienene Restitu=
tionsedikt wollte der Rat anfangs gar nicht öffentlich
anschlagen lassen; doch Burkhard schrieb am 14. April,
es sei ratsamer es zu affigieren. Übrigens fing man
schon damals an, alle Akten über Klostersachen zusammen=
zusuchen. Dies Geschäft hatte besonders Kreidenmann
zu besorgen, und sein Gehilfe dabei war der in der
Spitalregistratur wohl bewanderte Oberschreiber Wagner.
Die gesammelten Urkunden benützte dann Kreidenmann,
um eine „tapfere Deduktion" abzufassen, welche zur Be=
gutachtung mehreren Regierungen und Universitäten vor=
gelegt wurde. Auch mehrten sich die Angriffe der Kleriker.
Am 15. Mai erschien ein Bote vom Rottweiler Hofgericht
und übergab ein kaiserliches Schreiben vom 16. August 1628,
man solle dem Bruder Godert, Provinzial des Domini=
kaner=Ordens, das hiesige Predigerkloster innerhalb zweier
Monate herausgeben oder die Rechtsansprüche der Stadt
auf dasselbe nachweisen. Man schrieb zurück, „daß man
sich fürderlichst allerunterthänigst erklären wolle." Nach
vielen Beratungen und Begutachtungen wurde endlich am
20./30. Juni die von Kreidenmann verfaßte Verantwortung
an den kaiserlichen Hof abgeschickt, des Inhalts: Die
Darstellung des Provinzials beruhe auf falschen Angaben;
denn 1564 habe der Orden das Kloster für 4800 fl. an
das Spital verkauft, und dieser Kauf sei nicht nur von

den Ordensvorstehern, die seitdem die Zinsen aus dem Verkaufskapital regelmäßig in Empfang genommen haben, sondern auch von Kaiser und Papst feierlich bestätigt worden. Im August rührten sich auch die Augustiner und forderten ihr Kloster zurück: sie bekamen eine ähnliche Antwort.

Der Hauptangriff aber erfolgte durch die Exekutionskommission, welche der Kaiser am 27. März 1629 unter dem Vorsitz des Bischofs von Konstanz eingesetzt hatte, um das Restitutionsedikt im Schwäbischen Kreise durchzuführen. Diese Kommission forderte in einem vom 23. Oktober 1630 batierten, aber erst am 1. November n. S. hier eingelaufenen Schreiben, es sollen Abgesandte Eßlingens am 22. November in Überlingen erscheinen, um wegen aller und jeder von der Stadt in Besitz genommenen Stifter, Klöster, Kirchen, Hospitäler, Präbenden, Benefizien und andern geistlichen Güter, wie sie Namen haben mögen, sich zu verantworten und ihr Recht auf dieselben nachzuweisen.

Wie diese Zitation in Eßlingen aufgenommen wurde, schildert uns Wagner folgendermaßen:

„Was hierauf in dieser Stadt für eine Furcht, Angst, Schrecken und Not entstanden, wie man den ganzen Tag zu Rat gegangen, wie sorgfältig und arbeitsam sonderlich die Herren Geheimen gewesen, das ist nicht zu beschreiben, leichtlich aber zu gedenken, indem nicht allein der status publicus, die Einkünfte der Klöster und alle intrada der Kirchen und geistlichen Güter, sondern gar die Religion durch Einführung der Mönche und Pfaffen und alles in höchster Gefahr und Konfusion stunden. Es wurde wegen der Wichtigkeit der Sache alles in geheim gehandelt, und weilen ich vorgehendes Jahr bei Abforderung des Predigerklosters schon gebraucht, bei den studiis herkommen, das Latein und die allegationes juris verstund, und man dergleichen nit jedermann vertrauen wollte, wurd ich vor die Herren Geheimen beschieden, dieses alles mir vorgehalten und erinnert, mich hierin gebrauchen zu lassen, und alles dasjenige, was mir anbefohlen, fleißig, treulich und wachsamlichst zu verrichten und alles in geheim und größter Verschwiegenheit zu verhalten, und zu dem Ende auch von Herrn Bürgermeister mit Darreichung meiner Hand in absonderlich Gelübb genommen: welches ich gutwillig geleistet, und die Wahrheit zu sagen, als ein junger Mann zu dieser Sache gebraucht zu werden, mir nie eingebildet." Darauf teilt Gabelkofer dem Spitaloberschreiber das Nähere über die Zitation mit und schickt ihn mit einem Schreiben an die Altern und Geheimen nach Ulm, daß er sie über die Sache um Rat frage. Diese, obgleich über das Mitgeteilte auch erschrocken, zögerten nicht, ihm gleich am andern Tage eine „schriftliche, wackere und cirkumspecte Antwort zu geben." Sie rieten den Eßlingern, zu erklären, die Sache müsse, ehe man eine Antwort gebe, genau untersucht werden; auch sollen sie auf die zu Regensburg und Frankfurt wegen eines Religionsfriedens geführten Verhandlungen hinweisen, welche diese Sache gütlich erledigen werden; einen Gesandten sollen sie nach Überlingen nicht schicken, ein Schreiben an den Kaiser aber werde am Platze sein.

Den Herren zu Eßlingen aber, welche sich schon im August und September gegen die Überlinger Kommission, als sie die in der Stadt liegenden Pfleghöfe der württembergischen Klöster Denkendorf, Adelberg und Bebenhausen verlangte, nur zu willfährig gezeigt hatten, war diese Antwort nicht circumspekt genug. Und doch hatte auch ihr Syndikus Kreidenmann den gleichen Rat wie Ulm erteilt, indem er nachwies, daß das Kollegium zu Überlingen und sein Verfahren durchaus gesetzwidrig sei. Die Geheimen aber meinten, wenn sie keinen Gesandten schicken, werde man sagen, sie bespektieren den Kaiser und den Richter, und sahen sich deshalb nach anderem Rat um. Wagner mußte nach Stuttgart reiten. Er traf dort, wie er erzählt, den Landhofmeister v. Helmstatt, der gerade mit Dr. Jäger ausreiten wollte, und übergab das mitgebrachte Schreiben. Sie lasen es und erklärten ihm, es sei eben Bericht eingekommen, daß das Kloster Denkendorf von den Pfaffen okkupiert sei; sie wollen ebendahin und in andre Klöster reiten, um zu protestieren; diesmal könne niemand der Gewalt widerstehen; Wagner solle in den Geheimen Rat gehen, wo er den Herzog treffen werde. Er that dies. Nach einer Stunde wurde ihm durch Dr. Burkhard vertraulich mitgeteilt: Württemberg selbst befinde sich in der größten Perplexität und Gefahr; man könne nichts thun, als protestieren und abwarten; Schriftliches wolle der Herzog nicht hergeben. Um 1 Uhr hatte dann Wagner Audienz bei dem Regierungsrat Dr. Kielmann, welcher sagte: Verhandlungen und Protestationen nützen nichts, die Pfaffen greifen eben zu, bald werden alle Klöster in Württemberg eingezogen sein; der Herzog habe an das kurfürstliche Kollegium und den Kollegialtag zu Regensburg eine Protestation abgehen lassen; ebenso solle an Sachsen, Brandenburg und andere evangelische Stände und Städte geschrieben werden; dabei wolle man auch Eßlingens gedenken; man wolle Kursachsen auffordern, die evangelischen Stände zu berufen; man müsse der Vorfahren vor hundert Jahren gedenken, was diese erduldet, Gott vertrauen und kein menschliches Mittel unversucht lassen; die Eßlinger werden mit ihren von dem ehrlichen Dr. Kreidenmann aufgesetzten Deduktionen nicht hinauslangen; es bleibe ihnen nichts anderes übrig, als der Citation nach Überlingen nachzukommen; doch sei wohl zu überlegen, mit welchen Instruktionen, Kautelen, Vorbehalten und Protestationen man erscheine. Darüber erteilte der Regierungsrat noch gute Ratschläge, weigerte sich aber durchaus, dem jungen Eßlinger Abgesandten etwas Schriftliches mitzugeben. Dieser mußte das Vernommene in der Herberge aus dem Gedächtnis niederschreiben.

Als Wagner am folgenden Tag den Geheimen zu Eßlingen Bericht erstattete, erkannten diese „sein gutes Vermögen" an. Im übrigen befolgten sie den Rat Württembergs, einen Gesandten, der aber keiner von den Geheimen sein sollte, nach Überlingen zu schicken mit Instruktionen, wie er die Sache hinauszuziehen sollte. Da Kreidenmann diesen Posten ablehnte, fiel die Wahl auf Michael Gilg, ein Mitglied des Äußeren Rates. Dieser sollte ein Entschuldigungsschreiben des Bürgermeisters übergeben, sich erkundigen, wer wider die Stadt geklagt hätte, Abschrift der Klage verlangen und um Frist zur Abfassung einer Gegenschrift bitten.

Inzwischen herrschte in der Stadt große Beklemmung Alle öffentlichen Lustbarkeiten, Musizieren und Tanzen wurden verboten, eine tägliche Betstunde angeordnet; dabei wurden die Prediger, besonders Tobias Wagner, vor allzu scharfer Polemik verwarnt und Leute aus dem Volk, welche Schmähungen gegen den katholischen Klerus ausstießen, bestraft.

Am 9./19. November reiste Gilg in Begleitung eines „Postillons", Eberhard Weißart, ab und gelangte am 11./21. nachmittags 3 Uhr in Überlingen an. Sogleich übergab er sein Schreiben dem bischöflichen Kanzler, Dr. Pascha, und wurde auf nächsten Morgen um 8 Uhr auf das Rathaus zur Audienz bestellt. Man ließ ihn aber erst nachmittags 3 Uhr vor, weil die Kommissäre mit den württembergischen Abgeordneten noch zu thun hatten. Vor ihm wurde der Provinzial des Franziskanerordens angehört, welcher das Barfüßer-, St. Clara- und Sirnauer Kloster zurückforderte. In dem Rathaussaal fand Gilg die Mitglieder der kaiserlichen Kommission, den Kanzler als Vertreter des Bischofs, den Abt von Kempten, den Grafen von Sulz, Vorsitzenden des Rott-

weiler Hofgerichts, und den Kaiserlichen Rat Ulrich
v. Stotzingen mit einigen Geistlichen und Rechtsgelehrten
versammelt. Er brachte seinen Auftrag vor, indem er be=
sonders die Bitte um Dilation hervorhob. Zweimal
mußte er abtreten, damit die Herren über das Vorgebrachte
sich beraten könnten; bringender wurden jedesmal seine
Bitten, und er erreichte es auch, daß ihm zuerst Dilation
bis zu Ende des Monats November bewilligt, endlich
aber, da er erklärte, diese Frist sei zu kurz, um die zur
Verteidigung nötigen Urkunden zusammenzubringen, die
Antwort erteilt wurde: wenn die Eßlinger verhindert
würden, bis dahin ihre Rechtfertigung fertig zu bringen,
können sie auch später, aber jedenfalls sobald als mög=
lich, mit derselben sich einfinden; auch sollten sie nicht nur
beweisen, daß sie rechtmäßig in den Besitz der in ihrer
Stadt liegenden geistlichen Güter gekommen, sondern daß
sie auch bis jetzt in ununterbrochenem Besitz derselben ge=
blieben seien. Gilg verlangte über diesen Bescheid etwas
Schriftliches, aber man erklärte ihm, das Gesagte werde
er auch so behalten können. Hiemit wurde er entlassen
und beeilte sich, die Stadt, „in der alles voller Pfaffen
war", in seinen Rücken zu bringen. Am 15./25. November
gelangte er wieder in seine Heimat, seine Reise hatte nur
sieben Tage gedauert.

Übrigens ließ der Rat am 16./26. November an den
Kaiser ein Schreiben abgehen, in welchem er gegen das
ganze Verfahren der Kommission Einsprache erhob; andrer=
seits versäumte er es auch nicht, in einem Schreiben vom
3./13. Dezember der Kommission für die bewilligte
Dilation zu danken und zugleich noch weitere Frist bis
über die heiligen Weihnachtsfeiertage sich unterthänigst zu
erbitten.

Es erfolgte keine weitere Vorladung, und Dr. Kreiben=

mann fand Muße, seine Verteidigungsschrift gründlich auszuarbeiten.

Er führt darin aus: die Klöster und Kirchen in Eßlingen seien schon vor der Reformation von der Stadt abhängig und ihr steuerpflichtig gewesen, seit Einführung des evangelischen Bekenntnisses seien sie durch förmliche, vom Kaiser, vom Kammergericht und zum Teil auch vom Papst bestätigte Verträge in den Stadtbesitz übergegangen; der Klerus selbst bezeuge durch Annahme der Ablösungssummen oder der Zinse aus denselben fortwährend die Gültigkeit dieser Verträge; was das Spital betreffe, so sei dieses von Anfang an eine weltliche Stiftung gewesen, wie denn auch immer alle Spitalbeamten durch den Stadtrat eingesetzt worden seien; indem alle Kaiser bisher die Privilegien der Stadt bestätigten, haben sie eben damit den Besitz dieser Güter ihr zugesprochen. „Dabei," hebt Kreidenmann besonders hervor, „sind wir denn auch hinfüro um so viel mehr zu belassen, weil zu der K. Majestät wir unausgesetzt allertreuest gehalten, auch bei jetzigem Quartier- und Kontributionswesen weit über die 100 000 fl. zugesetzt und alles so genau ergriffen, daß nun unser Stadtwesen auf die Spitzen des Falls ohne unser Verschulden gesetzt worden. Wenn nicht dergleichen unerträgliche Beschwerung abgestellt, ja anderweilig uns mit kaiserlichem Succurs allermildest begegnet wird, so gehen wir und dies alte getreue und gehorsame Stadtwesen unter dem Schilde unserer bewiesenen Folgsamkeit, Unterwürfigkeit und Treue zu Grunde."

Diese Verteidigungsschrift wurde den 12./22. Februar 1631 an den Bischof von Konstanz nach Meersburg durch den hiesigen Stadtboten abgeschickt, und dieser brachte am 20. Februar/2. März einen Empfangschein zurück. Dabei hatte es vor der Hand sein Verbleiben. Die Restitutionssache war ins Stocken geraten, und zwar, wie Wagner meint, teils wegen des Leipziger Konvents, teils und hauptsächlich wegen des siegreichen Vordringens der Schweden. Denn „aus sonderbarer göttlicher Providenz" war an dem Tage, an welchem die Lutheraner in ganz Deutschland die hundertjährige Jubelfeier der Überreichung ihres Glaubensbekenntnisses zu Augsburg begingen, am 24. Juli 1630, Gustav Adolf, der König der Schweden, mit einem kleinen Heere auf deutschem Boden gelandet, und er hat endlich des Kaisers Übermacht besiegt. „Was das Schwert nicht thut, das übrige ist verloren, und helfen keine Briefe und Rechtfertigungen. So hat denn auch der Leipziger Konvent, der es nur zu schriftlichen Aufstellungen wegen der geistlichen Güter brachte, wenig genützt, ja die Stadt Eßlingen nur zuletzt in neue Verlegenheiten gestürzt."

Es hatte sich nämlich Johann Georg, der Kurfürst von Sachsen, welches immer noch für die protestantische Vormacht galt, endlich aufgerafft und alle evangelischen Stände auf Februar 1631 zu einem Konvent nach Leipzig berufen, um, falls der Kaiser das Restitutionsedikt nicht zurücknehme, ein „Defensionswerk" zu stande zu bringen. An diesem Konvente teilzunehmen, wurde Eßlingen von der „ausschreibenden Stadt" Ulm am 15./25. Januar eingeladen und stellte auch dem Ulmer Bevollmächtigten, dem Advokaten Matthäus Claus, eine Vollmacht zu seiner Vertretung aus; dafür verlangte dann Ulm von Eßlingen am 17. März 701 Gulden Legationskosten. Am 11. April berichtet Kreidenmann den Geheimen, was er von dem nach Stuttgart durchreisenden Ulmer Schad über den Erfolg dieser Versammlung erfahren habe: es sei an Kaiserliche Majestät ein ausführliches Schreiben gegangen, der Deckel ziemlich vom Hafen gethan und erklärt worden, daß man Jhro Majestät nichts mehr kontribuieren könnte und würde (im November hatte Ferdinand II. von allen Reichsständen, auch von Eßlingen, eine Kontribution wegen des schwedischen Einfalls verlangt); ein ähnliches Schreiben habe man an die katholischen Kurfürsten gerichtet; auch seien die Kontingente festgesetzt worden, im Falle es zum Kriege käme. Am 29. April stellt Württemberg, wo seit dem 26. Januar 1631 der Herzog Abministrator Julius Friedrich für seinen unmündigen Neffen, Eberhard III., die Regierung führte, die Anfrage an Eßlingen, wie es sich wegen der zu Leipzig beschlossenen Defension zu verhalten gedenke. Die Geheimen in ihrer Vorsicht erklären, sie wollen Geld zur Werbung hergeben, selbst aber keine Söldner anwerben. Doch faßt man am 2. Mai den Beschluß, am nächsten Donnerstag den 5. Mai, wenn das Wetter gut sei, eine Generalmusterung der waffenfähigen Mannschaft auf dem Brücken-(Kessel-)wasen abzuhalten; dabei sollen aus Stadt und Filialien 280, aus Möhringen 60, aus Vaihingen 40, aus Deizisau 20 Mann, halb verheiratete, halb ledige, nicht zu arme und nicht zu reiche, für den Felddienst ausgehoben werden. Auf den 11. und 12. Mai beruft Württemberg einen Konvent der evangelischen Kreisstände nach Eßlingen. Diesem wurden neunzehn Fragen vorgelegt, über den Oberbefehl, über den Kriegsrat, über die Ernennung der Offiziere, über die Bezahlung der Beiträge, über Maßregeln gegen Renitente, ja sogar über die Art der Kriegführung und andere Dinge, deren Vorausbestimmung für eine kräftige Kriegsleitung nur hinderlich sein konnte. Ein Trost der schwäbischen Herren war es, daß die Stadt Straßburg mit der Hälfte von sechs Kompanien zu Fuß und zwei zu Pferd, die sie werben wollte, dem Kreise beizustehen und in die Lücke der Säumigen und Renitenten, wie Hall, einzutreten sich verpflichtete. Der Oberbefehl wurde dem Herzog von Württemberg übertragen.

Wegen der Leistungen Eßlingens gab es heftige Auftritte; seine Abgeordneten baten in der Versammlung, sie mit der Werbung des ihnen absignierten Volkes zu ver-

schonen; sie wollen 1000 Gulden Werbegeld und alle
Monate 1200 Gulden Kontribution erlegen, zweihundert
Mann Landvolk auswählen und unterhalten; doch sollen
die im württembergischen Schirm ausbedungenen zwei=
hundert Mann Zuzug gefallen sein. Man erwiderte
ihnen, ob sie allein das Defensionswerk stocken wollen?
Und es erschienen in der Stadtratssitzung Claus von Ulm
und Hans Melchior Welsch von Nördlingen als Ab=
geordnete des Konvents und erklärten, die Stadt müsse
den im Leipziger Konvent beschlossenen Forderungen ge=
nügen; wolle man die Sache nur halb thun, so wäre
sie lieber nicht angefangen worden; man dürfe nicht
zögern, da das Volk aus Italien schon wieder im An=
rücken begriffen sei, auch schon ein kaiserliches Mandat
gegen die Leipziger Beschlüsse ergangen sei. Eßlingen
entschuldigt sich mit der Unmöglichkeit, 40 Pferde und
320 Mann zu unterhalten, da die öffentlichen Kassen und
die Privatmittel durch die andauernden Kontributionen
an den Kaiser erschöpft seien; dazu komme die uralte
Schuldenlast der Stadt; die untern Klassen können gar
nichts geben, man müsse den Rat und die Bürger, die
allein noch etwas leisten können, über die Sache be=
fragen. Doch versteht sich der Rat endlich zu 1000 Gulden
Werbegeld und 1500 Gulden monatlicher Kontribution.
Dies wollen die beiden Abgesandten dem Konvent melden,
bemerken aber dazu, es werden andre geringere Städte,
weil sie höher angelegt seien, darüber unzufrieden sein;
man hätte erwartet, daß Eßlingen auf zwei oder drei
Monate etwas mehr bewilligen würde, um seine An=
hänglichkeit an die evangelische Sache zu bezeugen.

Nun handelte es sich darum, wie die Mittel zu dieser
außerordentlichen Ausgabe zu beschaffen seien: Frucht zum
Verkauf sei keine vorhanden, der Wein gelte nichts, die

Schuldenlast sei schon sehr groß, es bleibe nichts übrig, als sich privatim weiter anzugreifen und die Kontribution auf den alten Schlag zu richten.

Während die Verbündeten bei solchen Weitläufigkeiten mit ihren Rüstungen noch nicht ganz fertig waren, rückte nach Beendigung des mantuanischen Erbfolgekriegs aus Italien der kaiserliche Generalwachtmeister Fürst Egon v. Fürstenberg eilig heran. Kempten und Memmingen fielen in seine Hände. Da ein Anschlag auf Ulm mißlang, wendete sich der kaiserliche Feldherr gegen das Württembergische. Am 30. Juli kam nach Eßlingen die Nachricht, daß das Städtlein Münsingen von den Kaiserlichen eingenommen und die Besatzung, zwei Kompanieen, gefangen sei, das ausgehobene Landvolk habe der General heimgeschickt, die geworbenen Berufssoldaten untergestoßen — das gewöhnliche Verfahren im dreißigjährigen Kriege. Am gleichen Tage kam eine Einladung des Herzogs von Württemberg nach Tübingen zur Beratung über das Defensionswerk einen Abgeordneten zu schicken: man schlug sie wegen der Gefährlichkeit der Reise ab. Zugleich brängten sich an die Stadtthore Flüchtlinge, welche für sich und ihre Habe Sicherheit suchten. Man beschloß, sie vor dem Einlaß visitieren zu lassen, zugleich auch zwei Metzger auf Kundschaft auszusenden. Unter den Bürgern herrschte große Aufregung und Jakob Romey, welcher die Thorwachen mit Wort und That beleidigt hatte, mußte in den Turm gesteckt werden. Am 1. Juli, Freitag nachts 10 Uhr, berief der Bürgermeister den ganzen Rat auf das Steuerhaus und teilte ihm ein Schreiben des Dr. Baur von Reutlingen mit, daß diese Stadt, von den kaiserlichen Truppen berannt, habe akkordieren müssen; der Oberkommissär Wolfstirn rate den Eßlingern, dasselbe zu thun. Ein

Schreiben an Württemberg um Rat und Interposition wurde noch nachts 11 Uhr abgeschickt. Am 2. Juli, Samstag, teilte Kreidenmann dem Rat eine Meldung des Stadtschreibers von Tübingen mit: zunächst dieser Stadt stehen beide Heere einander gegenüber, und es sei zu besorgen, daß es zu einem Akkord kommen werde; wenn dies geschehe, werde sofort das Kriegsvolk gegen Eßlingen ziehen; dieses solle daher auch akkordieren. Es wurde nun die Frage zur Beratung gestellt, ob es besser sei, es zu einer Belagerung kommen zu lassen oder sogleich die Gnade des Siegers anzuflehen. Bei der gänzlichen Hilflosigkeit der Stadt wurde, um größeres Unheil zu vermeiden, das letztere beschlossen: man sollte bei Kaiserlicher Majestät allerunterthänigst Abbitte leisten, auch an Fürstenberg und Wolfstirn beweglich schreiben und um Sicherheit bitten. Diesen Beschluß bestätigte neben dem Kleinen und Großen Rat auch noch ein Ausschuß der bürgerlichen Gesellschaft und der Zünfte.

Am 3. Juli, Sonntag nachmittags, berief der Bürgermeister wieder die Geheimen ins Steuerhaus, um ihnen ein eben eingelaufenes Schreiben des Herzogs von Württemberg vorzulesen: von seinen Bundesgenossen im Stiche gelassen, sei er nicht „bastant" genug gewesen, den Kaiserlichen zu widerstehen; er habe akkordiert und rate den Eßlingern, dasselbe zu thun. Sogleich ging man an die Abfassung eines zweiten Schreibens an Fürstenberg: die Eßlinger seien je und je in kaiserlicher Devotion geblieben und haben keinen einzigen Soldaten geworben; dem Leipziger Bund seien sie nur beigetreten, um größeres Unheil zu vermeiden; es wäre ihnen ja sonst die Zufuhr gänzlich abgeschnitten worden; sie bitten daher um Schonung. Ehe noch dieses Schreiben ausgefertigt war, kam von dem kaiserlichen Befehlshaber eine Citation auf den folgenben Tag nach Derendingen. So ritten denn am 4. Juli morgens früh 2 Uhr drei Abgeordnete, der Bürgermeister Gabelkofer, der Ratsherr Michael Gilg und Dr. jur. Knippschild (ein Westfale, Kreidenmanns Schwiegersohn) von hier ab, kamen morgens 6 Uhr in Tübingen an und begaben sich sogleich ins Lager zu Derendingen. Sie wurden aber von Fürstenberg und Wolfstirn hart angelassen, ihre Entschuldigung nicht berücksichtigt, ihnen dagegen die Bezahlung einer hohen Kontribution und starke Einquartierung in Aussicht gestellt. Mit höchster Leibes- und Lebensgefahr kehrten die drei zurück.

Diesen verunglückten Versuch, die Beschlüsse des Leipziger Konvents durchzuführen, nannte, weil er in die Kirschenzeit fiel, das Volk nachher den Kirschenkrieg: er hat wenig Blut gekostet, aber den ruhmlos Unterlegenen unsägliche Leiden gebracht. Denn gleich am nächsten Tag, den 5. Juli, wurde die Stadt mit Einquartierung überschwemmt; es kamen eine Kompanie zu Fuß, ein Regimentsstab und Artillerie mit neun Geschützen und zweihundert Munitionswagen hierher. Letztere wurden auf den Brückenwasen gewiesen, und da sah man die Soldaten, welche viel Geld bei sich hatten, um hohe Summen spielen, während man in der Stadt nicht wußte, wo man Brot hernehmen sollte für die ungebetenen Gäste. Dazu kamen Meldungen von Möhringen und Vaihingen: 6000 Mann Quartier haben alles aufgezehrt und ziehen nach Stuttgart; es kommen neue Truppen, man bitte um Brot und Wein. Der Stadtschreiber Lorenz Datt schließt sein Protokoll vom 5. Juli mit den Worten: „O Gott, komm bald, komm bald, Herr Jesu Christe, und mach an diesem Wesen ein End und nimm mich und mein Hausfrau bald zu dir!"

Fürstenberg hatte sein Hauptquartier eine Zeit lang

in Untertürkheim; dahin wurden nun öfters vom Stadt=
rat Unterhändler geschickt, welche um Herabsetzung oder
wenigstens Fristung der Kontribution und Quartier=
erleichterung bitten sollten; unter diesen befindet sich, be=
sonders seit der alte Bekannte der Stadt, v. Ossa, jetzt
Oberst, dort angekommen ist, häufig wieder der Spital=
oberschreiber Wagner. Aber der Erfolg solcher Sendungen
war ein geringer. Auch bei Württemberg, das einen Teil
der Quartierkosten für die hier liegende Mansfeldsche
Kompanie zahlen sollte, pochte Wagner vergebens an.
Und doch berechnete man die Kosten monatlich für die
Artillerie auf 4000 Gulden bar und dazu noch 2000 Gulden
für Verpflegung, für die Fußkompanie auf 3000 Gulden.
Da mußte denn auf alle Weise Geld aufgetrieben werden.
Ein Beschluß des Kleinen und Großen Rats vom 12. Juli
lautet: „Bei allen Verwaltungen soll das Geld aufs ge=
naueste zusammengesucht, alles Gebäu eingestellt, von
Spitals Kasten, Burgerstube, Zunfthäusern der dritte Teil
Silbergeschirr, von den Schützenhäusern das Silbergeschirr
gar genommen werden; dazu ist von der Bürgerschaft
eine halbe Extraordinaristeuer in zehn Tagen zu erheben;
wer innerhalb dieser Zeit nicht zahlt, dem soll sein
Silber genommen werden; auch die Bauern auf den
Dörfern sollen eine halbe Steuer zahlen." Am 28. Juli
wird auch von den Pfleghöfen der Klöster (welche nach=
her vielfach dagegen protestierten) eine halbe Steuer ge=
fordert; auch sollten sie künftig die gleiche Kontribution
zahlen wie die Bürger. Am 30. Juli wurde auf die er=
kauften und heimgefallenen Güter des Kastens und Spitals
eine Steuer gelegt. Nach Beschluß vom 4. August sollten
alle diejenigen, welche kein Quartier hatten, eine besondere
Steuer zahlen, und zwar von 100 bis 200 Gulden Ver=
mögen 20 Kreuzer, von 201 bis 400 Gulden 30 Kreuzer

usw. Damals brauchten die Soldaten täglich 860 Pfund Brot, 645 Maß Wein, 430 Pfund Fleisch. Es befanden sich in der Stadt 453 Soldaten, 98 Weiber, 42 Kinder, 19 Diener, 7 Mägde, 33 Pferde. Im September betrugen die Ausgaben für Einquartierung noch 3080 Gulden monatlich, welche nach einem von Dr. Knippschild aufgestellten Model auf das Spital, den Kasten, das Umgelderamt, das Forstamt, das Kaufhaus, die Burgerstube, die quartierfreien Bürger mit 1728½ Gulden verteilt werden sollten, während man für den Rest von 1351½ Gulden von den Bürgern eine Sechstelsteuer einzog. Daneben wurde die Kontribution, welche Eßlingen für die vom Kaiser gewährte Verzeihung an Ossa auszahlen sollte, auf vierzehn Römermonate = 3136 Gulden festgestellt.

In dieser Zeit, in welcher Quartier mit Quartier wechselte, griffen auch die Händel zwischen Bürgern und Soldaten immer mehr um sich. In dem schon erwähnten Beschluß vom 12. Juli heißt es weiter: „Auf den Zünften soll verkündet werden, es haben sich die Bürger unnützer Reden gegen die Soldaten zu enthalten; dagegen sollen die Bürger zu Bescheidenheit und fleißigem Gebet gemahnt werden." Diese Streitereien gaben Veranlassung zur **Entwaffnung der Bürgerschaft.** Dies fing damit an, daß die einquartierten Offiziere am 31. Juli verlangten, die Bürger sollten ohne Obergewehr die Thorwachen beziehen. Dann verlangte am 5. August Ossa und Oberstleutnant Waggky für eine neugebildete Kompanie von dem Rate 240 Musketen, 60 Harnische und Piken. Es wurde ihnen geantwortet, man wolle, trotzdem daß die Glaubensgenossen darüber unwillig sein werden, die Armatur bewilligen, bitte aber, sie an der Kontribution abziehen zu dürfen. Es wurde auch der Stadt die Bezahlung der Waffen zugestanden.

Kurz darauf, am 8. August, wurde bei Raufhändeln ein Soldat von einem Bürger mit der Axt schwer verwundet. Auf dieses hin befahl Ossa von Schorndorf aus am 10. August, wegen böser Reden und bösen Verhaltens einiger Bürger solle allen Bürgern das Obergewehr genommen werden. Der Rat protestierte dagegen, „damit er gegen die Posterität und Burgerschaft entschuldigt wäre." Mit diesem Protest sandte er den Spitaloberschreiber nach Schorndorf an Ossa und Waggky. Ossa erklärte jenem, er verwundere sich, daß die Eßlinger der Gewehre halber sich beschweren und dem Kaiser widersetzen wollen, da doch andre Städte sich gefügt haben; es bleibe bei dem Befehl; wenn der Rat die Bürger entwaffne, werde man vielleicht eine Kompanie aus der Stadt wegziehen. Letzteres zog, und am 14. August ließ der Rat von der Kanzel herab verkündigen, es habe jeder Bürger bis Montag morgens 5 Uhr sein Obergewehr auf seine Zunft zu liefern; von den Zunfthäusern sollen die Gewehre auf das Steuerhaus in Verwahrung gebracht werden; man wolle übrigens an den Kaiser schreiben, zu gestatten, daß den Bürgern ihre Gewehre zurückgegeben werden. — Und nun verlangten auch noch am 9. September die zwei hier kommandierenden Leutnants, daß die Schlüssel der Stadtthore ihnen übergeben werden.

Indes berichtete Württemberg in einem Schreiben vom 20. September die Totalniederlage Tillys (bei Breitenfeld 7./17. September) dem Rate, welcher dafür dankend antwortete. Als diese Neuigkeit sich in der Stadt verbreitete, da ließen sich die Bürger nicht mehr halten und die „Exorbitantien" mehrten sich so, daß ein Regimentsschultheiß hierher geschickt wurde, welcher mehrere Bürger einsperren ließ, andre um Geld strafte.

Dem Oberstleutnant Waggky war es jetzt nur noch darum zu thun, der Stadt eine Verpflichtung gegen den Kaiser aufzuerlegen, welche sie verhindern sollte, sich den Schweden anzuschließen; um dies Ziel zu erreichen, ließ er es an Drohungen und Versprechungen nicht fehlen. Der Rat weigerte sich lange, einen am 18. Oktober ihm vorgelegten Revers, welchen auch Dr. Burkhard für bedenklich hielt, zu unterzeichnen. Nach verschiedenen Verhandlungen und als Waggky bestimmt erklärte, die zwei in der Stadt liegenden Kompanieen werden nicht abziehen, ehe man seinem Verlangen entsprochen habe, wurde am 27. das Konzept eines „unvorgreiflichen Reverses" vorgelesen und angenommen, nach welchem die Stadt sich verpflichtete, in kaiserlicher Devotion zu verbleiben und keines als kaiserliches Kriegsvolk aufzunehmen, so viel dessen zu ihrer Verteidigung erforderlich sei; auch die hiesigen Klosterhöfe zu beschützen, mußte die Stadt versprechen. Darauf zogen die einquartierten Truppen ab, und am 14. November ließ Oberstwachtmeister Matthias Gallas dem Rat schreiben, wenn die Stadt in Not gerate, wolle er ihr zu Hilfe kommen. Die Bürger durften jetzt die Thorwachen wieder mit Obergewehr beziehen.

Aber noch kamen die vom Volk herbeigesehnten Schweden nicht, dagegen stürmten die räuberischen Scharen des Herzogs von Lothringen durch das Schwabenland, und am 27. November wurde hier im goldenen Adler für ihn Quartier gemacht. Er erklärte, so lange er hier sei, müssen die Straßen der Stadt beleuchtet werden, doch wolle er gegen eine Diskretion von 1200 Reichsthalern bald wieder abziehen. Nachdem seine Quartiermeister auch eine gehörige Diskretion erhalten hatten, erfolgte dieser Abzug am 29. November. Am 22. Dezember brachte die Nachricht, daß Tilly von oben, Gustav Adolf von unten gegen den Schwäbischen Kreis im Anzug seien, den Rat in große Verlegenheit; man beschloß die Thorwachen zu verstärken, um gegen einen Überfall geschützt zu sein.

Erst nachdem am 22. Dezember 1631/1. Januar 1632 Horn Heilbronn eingenommen hatte, zeigten sich am 27. Dezember s ch w e d i s ch e Reiter in der Nähe der Stadt. Den Eßlinger Abgeordneten, welche am 9. Januar das Schirmgeld nach Stuttgart brachten, erteilten die württembergischen Räte den Bescheid, man habe im Augenblick weder von den Kaiserlichen noch von den Schweden etwas zu befürchten, solle jedoch gut Wache halten; zu gleicher Zeit aber warnte noch Waggky von Schorndorf aus, man solle in kaiserlicher Devotion bleiben. Am 26. Januar erschien der schwedische Kapitänleutnant Donauer mit einer Vollmacht von dem Oberst Kanofsky und wollte sich mit 25 Dragonern in die katholischen Pfleghöfe einquartieren. Auch hatte er Befehl, das Eigentum entflohener Adeliger im Dienste des Bischofs von Würzburg mit Beschlag zu belegen. Die Einquartierung in die Pfleghöfe wurde ihm verweigert, weil diese im Schutze der Stadt stehen, er solle seine Verpflegung in den Wirtshäusern nehmen. Er that dies, drang jedoch mit Gewalt in den Kaisersheimer und Salmansweiler Hof ein und erpreßte dort Geld und Kostbarkeiten; in den Konstanzer Hof wurde er nicht eingelassen. Wiederum also hatte sich die Stadtregierung in ihrer Willens- und Machtlosigkeit gezeigt. Der Fremde, als Gast eingelassen, hatte den Herren gespielt, ohne daß ihm anders gewehrt worden wäre, als durch einen papierenen Protest. Der Rat nahm sich vor, künftig besser auf der Hut zu sein. Der Cornet des Reiterregiments Schaffalitzky, Johann von Kehl, welcher erschien, um Güter der Feinde des Königs von Schweden einzuziehen, wurde abgewiesen und eine sorgsamere Bewachung der Stadt angeordnet. Aber gegen die Bürger, welche diese Bewachung zu übernehmen hatten, hegten die Ratsherren großes Mißtrauen. Auch kamen von überall her entmutigende Nachrichten. Die Heilbronner Freunde schrieben: Die Eßlinger müssen, wie die Heilbronner, eine schwedische Besatzung haben; sie sollen nur sehen, daß sie es mit einem „diskreten" Offizier zu thun bekommen; als ein solcher sei Oberst Kanofsky zu empfehlen. Dr. Claus von Ulm aber berichtete dem Kreidenmann auf einem Ritte vom Pliensauthor bis Ebersbach, was er in Frankfurt erfahren habe: Der König von Schweden habe dem Grafen von Hohenlohe(-Langenburg) und einigen Obersten, darunter auch Schaffalitzky, befohlen, Eßlingen, Reutlingen, Zollern und Zwiefalten einzunehmen und mit ihnen wegen einer Kontribution zu verhandeln; er habe 150000 Mann zu Fuß und 50000 zu Pferd. Nun ließen die Geheimen Schreiben abgehen an Schaffalitzky wegen Verhandlungen, an Württemberg um Schutz, an Ulm um guten Rat. Der Oberst Bernhard v. Schaffalitzky, ein geborner Brackenheimer († 1641, in Brackenheim begraben), schickte nun an die Eßlinger Geheimen seinen Bruder Konrad, welcher ihnen am 22. Februar erklärte, der König von Schweden, der sein Reich verlassen, um den evangelischen Ständen zu Hilfe zu kommen und so viel aufgewendet habe, erwarte von diesen, daß sie zum Schutz ihrer Libertät sich an ihn anschließen, Kontribution zahlen und Besatzung aufnehmen. Man antwortete ihm: Da wegen Krankheit (um jene Zeit begann die große „Kopfwehseuche") nicht alle Geheimen zugegen seien, so werde um Geduld gebeten; auch müsse man die Sache mit dem ganzen Rat besprechen; man erkenne den Eifer des Königs für die evangelische Sache an; doch erwarte man Genaueres darüber, was die Stadt leisten solle, die noch vom Schmalkaldischen Krieg her viele Tausend Gulden Schulden habe und im jetzigen Krieg schon über 200 000 Gulden Schaden gelitten; man solle ihr kein Quartier auflegen, da dies gegen den dem Kaiser geleisteten Revers sei. Schaffalitzky erklärte, wenn Eßlingen kaiserlich bleibe, so sei es Schwedens Feind. Er stellte der Stadt das Beispiel von Heilbronn und Hall vor und begehrte binnen fünf Tagen eine bestimmte Antwort. Allein diese Frist reichte nicht hin, obgleich der Kleine Rat täglich Sitzungen hielt und der Bürgermeister auch den Großen Rat und den Ausschuß der Bürgerschaft berief. Man wartete immer noch auf den guten Rat von Württemberg, Ulm und andern Reichsstädten, an die man geschrieben hatte; aber es kam keiner. Kreidenmann schlug unter anderm vor: man sollte handeln lente, parce, caute, 1. um weitere Beratungsfrist bitten; 2. gegen Quartier sich sträuben und zuletzt lieber Geld anbieten; 3. es könnte ein Abschieblein begriffen werden, daß, was man gethan, coacte geschehen und daß es dem schuldigen Gehorsam gegen Kaiserliche Majestät nicht schädlich sein sollte. Indes drohten andre schwedische Abteilungen, in der Stadt und in Möhringen und Vaihingen, wohin der Spitaloberschreiber deshalb geschickt wurde, sich einzuquartieren; mit Mühe hielt man sie durch den Hinweis auf die schon angeknüpften Unterhandlungen davon ab. Der Oberst Schaffalitzky, dem die Sache zu lange dauerte, kam endlich selbst in die Stadt und quartierte sich im Denkendorfer Pfleghof ein. Nun mußte man sich entscheiden. Der Bürgermeister mit einigen Ratsherren begab sich in das Quartier des Obersten, und dort kam es noch zu heftigen Erörterungen. Lange bestand der Oberst darauf, daß die Stadt Einquartierung aufnehmen müsse, weil man befestigte Städte nicht ohne Garnison im Rücken

liegen laſſen könne. Auf die flehentlichen Bitten der Rats=
herren, ſie nicht zu zwingen, dem Kaiſer ihr gegebenes
Wort zu brechen, gab er endlich in dieſem Punkte nach;
dagegen mußte die Stadt Einquartierung auf den Dörfern
zugeſtehen. Ferner ſollte ſie dem König Paß und Repaß
ſeiner Truppen mit Verpflegung bewilligen, 3000 Gulden
ſogleich und, ſo lange die Schweden da ſeien, 500 Gulden
monatlich zahlen. Dieſer Vertrag wurde am 7. März
1632 abgeſchloſſen, und am 9. März erhielt dann die
Stadt auf ihre Bitten einen im Namen des Königs von
Schweden ausgeſtellten Salvaguardia-Brief. Um die Kon=
tribution zuſammenzubringen, wurde allen Bürgern und
Einwohnern, den Dörfern, den verſchiedenen Korporationen,
auch den Pfleghöfen der katholiſchen Klöſter und den
württembergiſchen Höfen in der Stadt ein Zehntel der
ordinären Steuer auferlegt.

Nun aber erſchien am 9. April Konrad Schaffalitzky
vor dem Rat und erklärte, der König habe ſeinem Bruder
befohlen, alle geiſtlichen Güter hier zu okkupieren und zu
inventieren, auch einen Mann zu beſtellen, der ſie im
Namen des Königs verwalte. Trotz aller Proteſtationen
der Stadt und der Verwalter der Klöſterhöfe nahm er auch
in den nächſten Tagen die geiſtlichen Güter in Beſitz und
übergab die Verwalung derſelben einem jungen Schloß=
berger, der in ſchwediſche Dienſte getreten war.

Am gleichen 9. April aber wurde dem Rat ein Schreiben
des ſchwediſchen Oberſten v. Degenfeld vorgelegt, welcher
meldete, er habe am 19. März von dem König Befehl er=
halten, in der Stadt Hauptquartier und Sammelplatz zu
nehmen, und Muſterſold und Anrittsgeld verlangte. Eine
doppelte Bedrängnis durch die beiden Oberſten alſo hatte
die Stadt ihrem langen Zaudern zu verdanken.

Man beſchloß nun am 10. April, den Bürgermeiſter

Gabelkofer an den König abzuschicken, damit er die schriftliche Ratifikation des Vertrags mit Schaffalitzky erwirke. Am 19. April erstattet Gabelkofer, von seiner Reise zurückgekehrt, folgenden Bericht: er sei von Ulm aus mit Gesandten dieser Stadt nach Augsburg geritten, der König aber sei in Lechhausen gewesen, und so habe er sein Schreiben dem Sekretär Sattler (früherem württembergischen Kanzler) übergeben, und dieser habe ihm später aus des Königs Munde mitgeteilt, der Akkord mit Schaffalitzky sei ratifiziert, und an diesen sei die Kontribution zu bezahlen; an Degenfeld werde man schreiben, Eßlingen mit Quartier zu verschonen; der König wisse nichts davon, daß den beiden Schaffalitzky der Salmansweiler Hof verehrt worden, dagegen habe er befohlen, alle katholischen Höfe in seinem Namen zu okkupieren und darüber zu berichten; Eßlingen könne hiernach die Donation der Höfe suchen. Auf Gabelkofers Frage, wie man sich wegen des Zehntbestandes mit Speier verhalten solle, antwortete Löffler, Eßlingen solle nichts mehr geben, es könne auch die Donation des Zehnten bei Majestät suchen. Mit der Versicherung, für das Wohl der Stadt stets eifrig sorgen zu wollen, entließ dann Sattler den Bürgermeister.

Nun beschloß der Rat, die Kirchengüter in eigene Verwaltung zu nehmen, auch den Erfolg der Gesandtschaft dem Obersten v. Degenfeld mitzuteilen. Sobald Konrad Schaffalitzky von der Schenkung erfuhr, reiste er zornig ab. Gabelkofer aber mußte am 21. April eine zweite Reise zu dem König antreten, um die Schenkung sich schriftlich bestätigen zu lassen; ihm wurde ein Dankschreiben an den König, ein Schreiben an Sattler und von der Eßlinger Geistlichkeit ein Schreiben an den schwedischen Hofprediger Fabricius mitgegeben; mit Weingeschenken für alle drei wurde Endris Schloßberger ihm nachgeschickt.

Doch die Weinsendung erreichte den König nicht mehr, er war schon nach Ingolstadt weitergezogen. Am 6. Mai wurde dann in der Ratssitzung wieder ein Schreiben des Bürgermeisters vorgelegt: er überschicke hiemit 1) ein Schreiben an Degenfeld, die Stadt mit Quartier zu verschonen; 2) den aus Moosburg 4. Mai datierten Schenkungsbrief, daß der König der Stadt den Zehnten an Korn und Wein, so bisher das Domkapitel zu Speier innegehabt, den Konstanzer Hof, sodann was die Klöster St. Blasien, Fürstenfeld, Roggenburg, Söflingen, Wengen, Urspring, Edelstetten, Ursberg in der Stadt Eßlingen Jurisdiktion einzuziehen gehabt, was alles der König durch gnädige Verleihung des Allmächtigen jure belli an sich gebracht, zu vollem Besitz überlasse; 3) einen aus Eßlingen 3. Mai datierten Revers, welchen Bürgermeister und Rat zu Eßlingen zu unterzeichnen haben, wodurch erst die Schenkung wirklich werden sollte. Dieser „etwas nachdenkliche" Revers, in welchem das Oberhoheitsrecht dem König und der Krone Schweden ausdrücklich vorbehalten war, wurde denn auch vom ganzen Rat unterzeichnet, und so gelangte Eßlingen in den Vollbesitz der auf seinem Gebiet gelegenen Kirchengüter. Dieselben sollten unter die Aufsicht der Geheimen gestellt und für fromme und wohlthätige Zwecke verwendet werden. Doch hatten die Brüder Schaffalitzky Erkleckliches von der Beute, nämlich den Salmansweiler und den Kaisersberger Hof, an sich zu bringen gewußt.

Der Oberst von Degenfeld jedoch war durch die bloße Benachrichtigung, daß der König geboten habe, er solle Eßlingen verschonen, nicht abzutreiben. Am 25. April ließ er seinen Oberstwachtmeister, Veit von Wedel, vor die Stadt rücken und Einlaß begehren. Als man diesen nicht gewährte, nahm der Oberstwachtmeister Quartier zu Deizisau, und „damit das Dörfle nicht gänzlich ruiniert würde", mußte die Stadt sich endlich entschließen, Quartier aufzunehmen. Es kamen in die Stadt 30, nach Möhringen 40, nach Vaihingen 30 Pferde. Die Soldaten betrugen sich sehr übermütig; am 11. Mai klagt Spitaloberschreiber von Möhringen aus über ihre Exorbitantien. Erbittert über solche Anklagen gegen seine Leute, kam der Oberstwachtmeister nach Möhringen, nannte Wagner einen verlogenen Gesellen und Rebellen, und als dieser widersprach, zückte er den Degen gegen ihn (R.P. 17. Mai). Die bösen Gäste waren nicht so leicht fortzubringen. Erst nachdem die Eßlinger die Kontribution von 3000 fl. an Schaffalitzky vollständig bezahlt hatten, zog der Oberstwachtmeister am 9. Juni aus dem Gebiet der Stadt ab, ließ aber seine Frau, Kinder, Mägde, Diener und 12 Pferde zurück.

Nachher wurde wegen Erhöhung der Kontribution verhandelt, welche der König verlangte, weil er von dem Feinde heftig angegriffen werde. Deshalb und wegen anderer Beschwerden der Stadt wurde Wagner dreimal (Juni und November 1632, Februar 1633) nach Augsburg an den schwedischen Statthalter, Graf Georg Friedrich Hohenlohe, geschickt, konnte aber wenig ausrichten.

Große Bestürzung erregte unter den Evangelischen der Tod Gustav Adolfs in der Schlacht bei Lützen am 6./16. November 1632. Der König hatte noch einen Konvent der evangelischen Stände in Schwaben, Franken und den beiden Rheinischen Kreisen auf 2. Dezember nach Ulm angesagt. Am 5. Dezember beschloß der Eßlinger Rat ein Schreiben nach Ulm: Weilen die leidigen Avisen gehen, daß Kg. Majestät in Schweden tot sein solle, dannenhero man in Gedanken kommen, daß dieser Konvent differiert werden möchte, also gemeine Stadt zu excusieren. Als Heilbronn eine Vorbesprechung wegen des

Konvents in Eßlingen beantragte, lehnte dieses am 10. Dezember ab und schlug Göppingen vor. Doch kamen Abgeordnete der vier ansschreibenden Städte, Augsburg, Straßburg, Frankfurt und Ulm, am 11. Januar 1633 hieher zu einem Konvent, hielten aber ihre Beschlüsse geheim. Im Februar wurde wegen der einreißenden Kopfkrankheit das St. Claraklofter zu einem Krankenhaus eingerichtet und ein Pestbarbier angeftellt. Die Straßen waren um diese Zeit von plündernden Soldaten angefüllt, und man mußte Streifen gegen dieselben anordnen.

Indes hatte man sich doch darüber schlüssig zu machen, wie man sich zu dem bevorstehenden Konvente stellen wolle. Anfangs war die Stimmung eine zuverfichtliche. Man beschloß: 1) Keine Neutralität, da dies treulos gegen die Evangelischen wäre, auch die Stadt zu schwach sei, um sie aufrecht zu erhalten. 2) Mit allen Evangelischen solle man Religionslibertät und Erhaltung des Besitzstandes fordern; auch solle man seine Beschwerden vorbringen; der Kaiser habe zwar die Teilnahme am Konvent verboten, aber er sei in dieser Sache Partei. 3) Den Konvent wolle man durch Abgeordnete beschicken, welche genau darauf achten sollen, ob das, was Schweden, Württemberg und die ausschreibenden Städte beantragen, auch der Stadt ersprießlich sei. 4) Zwar sei der Feind stark, aber man habe von Frankreich, England, den Generalstaaten, auch den Nachbarn Hilfe zu erwarten, auch den niederfächfischen Kreis solle man bei den Evangelischen zu erhalten suchen; man solle also dem beabsichtigten Bündnis beitreten. Aber — hat die Stadt das Recht, ein solches zu schließen? Diese Frage sollte noch weiter erörtert werden.

Da erfuhr man, daß Württemberg zweimal an Kursachsen geschrieben und zuletzt die Antwort erhalten, es habe selbst einen Konvent der Evangelischen ausschreiben wollen, es seien aber Hindernisse eingetreten. Also, schloß man, werde es nicht, wie der Kanzler Axel Oxenstierna ausgeschrieben habe, ein allgemeiner, sondern ein Partikularkonvent werden, und dies werde bei den ausländischen Potentaten ein seltsames Ansehen haben, auch werden nicht alle Stände beitreten wollen. Endlich, wurde erwogen, werde man fordern, daß Eßlingen der Konföderation Schwedens und Frankreichs sich anschließe; dies sei wegen der Kriegsrüstungen sehr kostspielig und gefährlich, auch gehe dies Wesen recta et immediate contra imperatorem; der Ausgang des Krieges aber sei ungewiß, da der Kaiser und die Katholiken sich auch wehren werden, und bei einem Unglück kommen die kleinen Städte am schlimmsten weg (R.P. 9., 19., 28. Febr.).

So beschloß man denn, Schreiben an Oxenstierna, Hohenlohe und die vier ausschreibenden Städte abgehen zu lassen, daß man an dem auf den 4. März festgesetzten Konvent zu Heilbronn nicht teilnehmen werde, erklärte aber dabei, man wolle von den allgemeinen Beschlüssen der Evangelischen nicht weichen, sondern in allem beipflichten. Doch setzte Sattler es durch, daß endlich Dr. Knippschild mit zwei Ratsherrn zur Vertretung der Stadt nach Heilbronn geschickt wurde. Diese bemühten sich hauptsächlich darum, daß die der Stadt zugemuteten Lieferungen an Geld, Proviant und Pferden herabgesetzt würden. Auch über die schwedische Schenkung verhandelten sie mit dem Kanzler, doch konnten sie nicht durchsetzen, daß es Württemberg untersagt wurde, die Gefälle der den Eßlingern geschenkten Klosterhöfe in seinem Gebiete einzuziehen.

Da die für den Unterhalt und die Besoldung des Heeres eingezogenen Geldsummen immer nicht hinreichen wollten, so beschloß der Kanzler, einen zweiten Zehnten einzuführen; die durch denselben eingehenden Früchte sollten in Magazinen aufgehäuft und so für den Unterhalt der Soldaten bereit gehalten werden; ein Hauptmagazin wurde in Ulm, ein kleineres in Eßlingen errichtet. (Wir erfahren, daß Möhringen, welches 3700 Scheffel Dinkel erzeugte, an das Spital 370, an das Magazin 333 Scheffel liefern mußte.)

Im November 1633 wurde von einem Kreistag zu Stuttgart beschlossen, zur Verteidigung des Kreises ein Heer von 4000 Mann aufzustellen. Das Kontigent Eßlingens dazu belief sich auf 90 Mann. Wagner hatte die Aushebung der Mannschaft auf den Dörfern zu besorgen, dann die Schar bei Aich zu sammeln und nach Reutlingen zu führen. Das Reutlinger und Eßlinger Aufgebot vereinigte sich dann mit 2000 Württembergern zur Belagerung des Hohenzollern. Anfangs Januar 1634 reitet der Oberschreiber nach Hechingen, um den Eßlingern den Sold zu überbringen, jedem Soldaten 3, dem Anführer Fuchs 10 fl. monatlich. Diese klagen über schlechte Quartiere in der Vorstadt, und auf Wagners Fürsprache verspricht Württemberg, die Sache zu untersuchen. Im Februar reist er wieder nach Hechingen, um die Eßlinger, deren Entlassung Württemberg zugestanden hat, abzuholen. Im Februar 1634 versammelte Oxenstierna einen Konvent der Evangelischen zu Frankfurt. Bei diesem ließ sich Eßlingen durch den Syndikus Claus von Ulm vertreten. Hier entspann sich ein ärgerlicher Streit zwischen den Reichsstädten und der Ritterschaft wegen der Präcebenz (des Vortritts). Eßlingen schrieb an seinen Abgeordneten am 17. März, Bürgermeister und Rat seien nicht gemeint, in dieser Sache von den ehrbaren Städten sich abzubünden. Ja die Reichsstadt Wimpfen erklärte, ehe sie der Ritterschaft den Vortritt in den Sessionen zugestehe, trete sie lieber von der evangelischen Konföderation zurück.

In der Stadt hatte man sich heftig zu wehren, weil die Schweden einen Rekrutierungsplatz hieher verlegen wollten, was nicht nur sehr lästig, sondern auch sehr kostspielig war, da man dann „Rekrutigelder" zu bezahlen hatte. Die Unterhandlungen mit den schwedischen Offizieren hierüber hatte vielfach Wagner zu führen, aber er konnte nur geringe „Moderation" erreichen. Daneben litten die Spitalorte Möhringen und Vaihingen schwer unter fortwährender Einquartierung, besonders im April wurde über die französischen Reiter geklagt, welche Württemberg nach Möhringen gewiesen hatte. Man mußte den Dörfern zeitweise die Beiträge zur Kontribution erlassen. Handel und Wandel stockten, der Umgelder meldete, daß fast kein Zoll beim Kaufhaus eingehe, während doch die hohen Kontributionen fortdauerten und eher noch gesteigert wurden.

Im Juli 1634 finden sich Anzeichen, daß ein großer Schlag sich vorbereite. Man erfährt am 10. Juli, daß der General Horn, der bisher Schwaben beschützt hatte, mit dem Herzog Bernhard von Weimar sich vereinigen wolle; deshalb und weil ein Heer von Spaniern aus Italien heranzieht, muß auch ein Heer zur Verteidigung des Schwäbischen Kreises aufgestellt werden. Das Nähere darüber wird auf einem von Herzog Eberhard III. von Württemberg nach Eßlingen berufenen Kreistag am 19. Juli festgestellt. Eßlingen soll wieder 90 Mann stellen und Proviant, Munition und Wagen liefern. Bei der Zusammenziehung der Kreisarmee sollten die Eßlinger unter die Württemberger gestoßen werden; der Rat aber befahl ihnen, sich unter den Ulmer Kommandanten zu stellen. Übrigens hatte der Rat der ausrückenden Mannschaft, wie ihr Anführer klagt, nicht einmal einen Bagagewagen mitgegeben. Am 18. August berichtete Kreibenmann, der Herzog von Württemberg habe befohlen, wenn die bevorstehende Schlacht ungünstig ausfalle, so solle sich auf drei Allarmschüsse von den Festungen Asperg, Neufen, Urach, Schorndorf und Tübingen der Landsturm an bestimmten Orten zum Schutze des Landes versammeln, und auch Eßlingen beschloß, für den Notfall eine Aushebung aus der Bauerschaft anzustellen. Auch sonst traf man Sicherheitsmaßregeln: die Festungswerke der Stadt wurden verstärkt, die Thorwachen vermehrt und den Ratsherrn befohlen, solche häufig zu revidieren; die Metzger mußten fleißig auf Kundschaft ausreiten, den Bürgern wurde geboten, sich mit Lebensmitteln, Pulver und Blei zu versehen und ihre Gewehre in guten Stand zu setzen; auch befahl man, das Dreschen auf den Spitalgütern möglichst zu beschleunigen. Die Stimmung war sehr gedrückt; schon vor der Schlacht drängten sich die Flüchtlinge, darunter auch einige württembergische Räte, zahlreich in die Stadt, welche sie gegen ein Schutzgeld aufnahm. Die Umgelder ließen wegen gefährlicher Zeiten 5000 fl. ihres Geldvorrats auf den Stein (Südturm der Dionysiuskirche) bringen. Am 20. August wurden für Herzog Bernhard, der sich zu Schorndorf befand, Trauben und Obst aus den hiesigen Spitalgütern verlangt und auch überschickt. Sieben Tage darauf 27. August/6. September erlitten Bernhard und Horn die für die evangelische Sache so verhängnisvolle **Niederlage bei Nördlingen**. Am 29. August hörte man in Eßlingen stark schießen und schickte deshalb einen Postillon nach Göppingen und Schorndorf. Spät abends berichtete der Spitalschultheiß zu Plochingen, der Herzog von Württemberg sei heute Nacht um 11 Uhr über die Brücke marschiert, und man habe ihm Vorspann geben müssen, er sei hinter dem Eisberg herumgezogen, ihm folge starke Reiterei, es verlaute, die schwedisch-weimaranische Armee sei vor Nördlingen gänzlich geschlagen worden. Beschluß: Es sollen alle Thore unter Aufsicht der Ratsherrn wohl bewacht werden. — Zwischen 12 und 1 Uhr ist Herzog Bernhards fürstliche Gnaden vor dem Pliensauthor angelangt, der begehrt, ihm einen Trunk alleinig für seine Person dahin zu verschaffen. Ihn sollen Bürgermeister Plattenhard und Dr. Kreidenmann empfangen, und es soll kalte Küche hinausgeschafft werden. Um 3 Uhr marschiert der Rheingraf Otto Ludwig (welcher mit seinem Heere nur bis Donzdorf gekommen war, also an der Schlacht nicht teilgenommen hatte) am Eisberg vorüber und verlangt vor dem Pliensauthor einen Labetrunk und Brot für sein Pferd. Er wird von dem Stadtschreiber, Hans Kaspar Datt, empfangen. Am 30. August wird der Beschluß gefaßt, den Rittmeister Adrian von Hammel und den Oberschreiber an Bernhard und den Rheingrafen nach Cannstatt abzuschicken, und diese berichten am 1. September: sie haben die beiden erst in Besigheim erreicht, seien dann zuerst bei Bernhard, hierauf beim Rheingrafen zur Audienz vorgelassen werden. Letzterer habe angeboten, in die Stadt schwedische Truppen unter einem schwedischen Kommandanten zu legen; Wagner habe erklärt, darauf einzugehen sei er nicht ermächtigt, und habe seinen Begleiter als Befehlshaber vorgeschlagen. Beide Generale lassen die Stadt auffordern, wachsam zu sein und die Feinde, wenn sie nicht in allzu großer Anzahl erscheinen, vor der Stadt abzuweisen; den Paß am Eisberg sollen die Eßlinger durch einen Verhau sperren. Darauf seien sie nach Stuttgart zu Dr. Hiller geritten, und dieser habe versprochen, bei Württemberg, was in seiner Macht stehe, für Eßlingen zu thun. Am 2. Sep-

tember werden dann wirklich Maßregeln zum Widerstand
getroffen: Hammel wird zum Stadtkommandanten ernannt,
Hans Kaspar Daur und Kapitän Riedher ihm beigeordnet,
vier Männer aufgestellt, welche Tag und Nacht auf Kundschaft ausreiten sollen; Schanzen vor den Thoren werden
aufgeworfen und wegen des Verhaus am Eisberg ein
Augenschein vorgenommen. An demselben Tag kam auch
von Niklas Fuchs, dem Leutnant des Eßlinger Kon-
tingents, Meldung aus Schorndorf, daß 20 000 Feinde
bei Aalen und Nörblingen stehen, man solle sich wohl in
acht nehmen. Auch beschloß man, den Oberschreiber mit
einem Schreiben an Württemberg nach Stuttgart zu
schicken. Die Nachrichten, welche dieser am folgenden Tag
zurückbrachte, waren sehr niederschlagend; Dr. Hiller habe
ihm gesagt, man wisse keinen Rat; wenn der Feind komme,
wolle man sich kaiserlicher Gnade ergeben; auch die Eßlinger sollen die Schlüssel ihrer Stadt dem Heere entgegen-
tragen. In der darauf folgenden Beratung der Geheimen
kamen nun die üblen Umstände der Stadt hauptsächlich
zur Sprache: sie habe wenige Bürgerschaft, ihre Lage sei
zur Verteidigung ungünstig, das Stadtvolk sei ungeschickt
und in keiner Ordnung zu halten; es fehle an allen
Mitteln zur Kriegführung; Württemberg, von seinem
eigenen Herzog im Stiche gelassen, könne den Eßlingern
ebenso wenig helfen, als die beiden Generale des evangelischen Bundes, welche außer Landes gegangen seien, so
bleibe der Stadt nichts übrig, als sich dem Kaiser zu
unterwerfen, ihren Abfall zu entschuldigen und um Verzeihung zu bitten. Doch wollte man auch noch an die
württembergische Landschaft zu Tübingen, an Reutlingen
und Heilbronn um guten Rat schreiben.

Während so die Väter der Stadt im Steuerhause
berieten, erschien am oberen Thor ein Trompeter und

forderte, daß man ihn durch die Stadt passieren lasse, da er im Auftrage seines Herrn, des spanischen Obersten v. Seebach, eine Depesche nach Stuttgart zu bringen habe. Wilhelm Dreitwein, welcher die Thorwache befehligte, ließ den Trompeter mit verbundenen Augen in den goldenen Adler und, nachdem er sich erquickt hatte, ebenso zur Stadt wieder hinaus führen. Aber die Herren Geheimen waren über eine so eigenmächtige Handlung ihres Wach=kommandanten sehr entsetzt und gaben ihm einen tüchtigen Verweis. Über die Frage, ob man noch zuwarten oder sogleich die Unterwerfung anbieten sollte, wurde zuerst vom Kleinen, dann vom Großen Rate und auch noch von dem Ausschuß der Bürgerschaft, in welchem auch Georg Wagner sich befand, namentlich abgestimmt. Die Mehr=zahl, darunter auch Wagner, war für sofortige Unter=werfung.

Unterdes kam aus Heilbronn ein Schreiben des Rhein=grafen als Antwort auf den an diese Stadt gerichteten Brief. Dieser billigte es, daß die Stadt, in die er nicht, wie nach Heilbronn, eine hinreichende Besatzung legen könne, für den Augenblick sich dem König von Ungarn unterwerfe; er werde bald wieder kommen und sie be=freien. Diesen Brief beschlossen die Eßlinger sorgfältig aufzubewahren.

Sobald die nötigen Schreiben ausgefertigt waren, wurden Hans Kaspar Daur und Georg Wagner mit den=selben am 7. September an die Oberanführer der beiden anrückenden Heere, Ferdinand, König von Ungarn, Sohn des Kaisers, und den Kardinalinfanten, Erzbischof Ferdi=nand von Toledo, Bruder des Königs Philipp IV. von Spanien, abgeschickt. Die Abgesandten wurden zuerst von umherstreifenden Kroaten zwischen Zell und Altbach auf=gehalten, gelangten aber doch zuletzt in das Hauptquartier des Infanten zu Eberspach und ließen sich bei dem Herzog Maria (Feria?) anmelden. Dieser gab ihnen guten Bescheid, durch ihn wurde auch das Schreiben an den Kardinalinfanten eingebracht, der sich resolvierte, daß Ihre Kg. Majestät nicht gemeint sei, das Land Württemberg, noch diese Stadt mit Schwert, Feuer oder anderen Hostilitäten zu schädigen, sondern bei all deren Rechten zu erhalten. Er ließ auch Generalfeldmarschall=Leutnant v. Ossa (den alten Bekannten der Eßlinger) kommen, der zeigte sich zuerst etwas rauh und fuhr die Deputierten ernstlich an, daß er sich von der Stadt eines besseren versehen hätte, er habe sie ja zu seiner Zeit gar treulich gewarnt; doch erklärte er endlich, an seinem Ort alles Gute wirken zu wollen. Weiter ließen sich nun die Abgesandten bei dem Generalfeldmarschall Gallas melden. Dieser empfing sie gnädig, mit Vermelden, daß der Stadtrat recht gethan, bei Zeiten unterthänigst einzukommen und Pardon zu begehren, er wolle seines Teils, weil man vor drei Jahren seiner Kavallerie alle Ehr erwiesen, das beste thun. Er fügte hinzu, es sei unnötig, zu Ihrer Kgl. Majestät (in das Hauptquartier zu Jebenhausen) weiter zu reisen, worauf die beiden ihren Abschied nahmen. Unterwegs trafen sie den Oberst v. Seebach, an den sie auch ein Schreiben von dem Rat abzugeben hatten; auch dieser bot sich zu allem Guten an.

An bem Tage, an welchem Wagner und sein Gefährte ihren gefährlichen Ritt bestanden, erschienen in der Stadt erstlich ein Abgesandter des Feldmarschalls Gallas, welcher Salva guardia anbot; sodann, von Ossa abgeschickt, der Oberkommissär Valentin Lang, welcher die Stadt aufforderte, sie solle sich dem Kaiser und dem König von Ungarn schleunigst akkommodieren; endlich ein Kommissär, welcher für die spanische Armee 200 000 dreipfündige Laib Brot, 200 Eimer Wein und 600 Stück Rindvieh begehrte. Mit letzterem wurde unterhandelt, er möchte seine unerschwinglichen Forderungen herabsetzen, auch an Ossa um Intercession geschrieben. Am 8. September erschien Ossa selbst in der Stadt und ließ den Rat zu sich bescheiden. Es erschienen fast alle Ratsherren, doch wurden nur die Geheimen, Dr. Kreidenmann und der Stadtschreiber vorgelassen. Ossa erklärte, die Stadt hätte in kaiserlicher Devotion bleiben sollen; doch wolle der Kaiser Pardon ergehen lassen, die Bestrafung zwar reservieren, aber die Stadt vor feindlicher Gewalt schützen; nur müsse für die spanische Armee der Unterhalt verschafft werden. Man vereinigte sich endlich dahin, daß 20000 Laibe Brot, Mehl für 20000 Laibe, 20 Stück Rindvieh, 150 Hämmel den Spaniern geliefert werden sollten, dazu 40 Wägen und 200 Pferde zur Weiterführung des Trains. An die Thore wurden Daur, Weißart und Wagner geschickt, welche die Heranziehenden empfangen, aber ohne Befehl des Rates die Thore nicht öffnen sollten.

Der Rat ließ nun, was die Zeit hielt, mahlen und backen; auch befahl er, daß alles, was hier sich befinde, für die Wägen seine Pferde hergeben sollte. Aber noch war man mit den Zurüstungen nicht fertig, da standen am Morgen des 9. September die gefürchteten Feinde vor den Thoren. Sie drohten, wenn nicht alsbald alles geliefert werde, die Stadt zu plündern. Man lieferte und versprach sein möglichstes, aber es wollte nicht reichen. Nachmittags um 2 Uhr kamen wieder Abgesandte mit Drohungen in die Stadt; der Bürgermeister und die Geheimen mit Kreidenmann und dem Stadtschreiber traten ihnen am Fischbrunnen bei der Apotheke entgegen, um sie zu beschwichtigen. Man ließ durch Trommelschlag verkünden, wer Brot und Mehl habe, sollte es hergeben.

So weit geht der Bericht der Ratsprotokolle, welcher dieser Darstellung zu Grunde gelegt ist; dann findet sich eine Lücke bis zum 12. September. Aus andern Berichten, namentlich dem von Weinheimer 1661 und dem von Tobias Wagner 1662 wissen wir, daß die Spanier, deren Ansprüche also, wie es scheint, befriedigt worden sind, auf zwei hölzernen Brücken, welche oberhalb und unterhalb der Stadt über den Neckar geschlagen wurden, neben der Stadt vorübergezogen sind, und zwar habe der König von Ungarn auf Wagners Rat diese Maßregel angeordnet. Von einem Bau von zwei Brücken oberhalb und unterhalb der Stadt wird erst am 4. und 9. Juni 1635 in den Protokollen berichtet und hinzugefügt, diese Brücken seien für den Notfall bereitzuhalten. Es scheint also, daß die Stadt damals nach dem Vorgange mit den Spaniern eine Brücke beim obern Wehr und eine andre bei Mettingen schlagen ließ, damit die Truppen, welche von oben kamen, auf jener, an der linken Neckarseite bei dem äußeren Pliensauthor vorüber, und dann wieder, oberhalb Mettingens die zweite Brücke passierend, auf der rechten Neckarseite ihren Weg nehmen konnten, ohne in die Stadt zu kommen, und umgekehrt die, welche von unten heranzogen.

Die Stadt selbst mußte übrigens eine Kompanie Kürassiere und zwei Kompanien Dragoner von Oberst Buttlers Regiment als Garnison aufnehmen, da sie von Schorndorf aus, welches der schwedische Oberst Tupadel bis auf den letzten Mann halten wollte, bedroht war. Erst 25. Nov./5. Dez. übergab Tupadel die Festung auf günstige Bedingungen hin und es kam nun der Rest von den 90 Mann, welche Eßlingen zur Defensionsarmee des

Schwäbischen Kreises gestellt hatte, zurück; jeder erhielt 3 fl. Monatssold. Daur und Wagner hatten wegen ihrer „vielen labores" auf Kreidenmanns Antrag je 12 Reichsthaler (18 fl.) bekommen.

Neben dem Unterhalt der auch jetzt noch fortdauernden Einquartierung (es wurde der Generalstab hieher verlegt) hatte die Stadt die drei Regierungsräte zu besolden, welchen der Kaiser die Verwaltung des eingezogenen Herzogtums Württemberg übertragen hatte. Dieselben waren anfangs auch hier einquartiert, der Graf von Sulz im Bebenhäuser Hof, Achatius von Leiningen im Blaubeurer Hof und Oberkommissär Lang im Denkendorfer Hof. Später sollte Reutlingen die Hälfte der Besoldungen zahlen, weigerte sich aber, da es schon mit Einquartierung überbürdet sei; auch blieb es immer mit der Zahlung im Rückstand und mußte zuletzt zur Entschädigung an den Eßlinger Spital im März 1636 zwei Höfe in Pliezhausen abtreten.

Mit der schwedischen Schenkung war es natürlich nach der Nördlinger Schlacht vorbei. Ein Kloster nach dem andern verlangte nicht nur seine früheren Einkünfte wieder, sondern auch Ersatz für das, was Eßlingen in den letzten Jahren eingezogen hatte. Das erste mußte man zugestehen; wegen des zweiten wurden die Fordernden zur Geduld verwiesen.

Das Jahr 1635 vermehrte noch die Leiden der bedrängten Stadt. Neben der höchst beschwerlichen und kostspieligen Einquartierung des Beckschen Regiments mußte sie noch 200 im Januar in Philippsburg gefangene Franzosen aufnehmen. Wagner wurde wieder mehrfach zu diplomatischen Geschäften gebraucht. So unterhandelte er lange mit dem Oberkommissär Lang wegen Entwaffnung der Bürger, welche sich die Stadt als freie

Reichsstadt durchaus nicht gefallen lassen wollte, konnte aber nichts ausrichten: die Musketen, ja auch die Schlüssel zum Zeughaus mußten Mitte März ausgeliefert werden. Anfangs April hatte er zu Leonberg bei Gallas eine Audienz wegen Quartiererleichterung, erhielt aber nur Vertröstungen. Dagegen hatte er die Freude, bei einer Sendung an den König von Ungarn am 19. Juli seine Vaterstadt in den von dem Kurfürsten von Sachsen am 20./30 Mai mit dem Kaiser geschlossenen Prager Frieden aufgenommen zu sehen. So war der Friede zwischen dem Reichsoberhaupt und der Reichsstadt wieder hergestellt; er wurde zwar durch die Ereignisse der nächsten Zeit noch einigemale, wenn der Schutz des Kaisers nicht ausreichte, gestört, aber nicht mehr gebrochen. Dieser Erfolg trug Wagner den Dank des Rats und eine Belohnung von 13 Guldenthalern (16 fl. 20 kr.) ein. Auch war er schon am 14. April zum Spitalmeister ernannt worden.

Immer noch steigerte sich der Steuerdruck. Feldmarschall Gallas erfand eine neue Weinsteuer, 1 fl. von jedem eingelegten Eimer Wein, welche die Stadt Eßlingen 10434 fl. kostete. Auch das Pflegschaftsvermögen wurde am 28. April von der Stadt unter Steuer genommen. Die Steuern waren nur noch durch Exekution einzuziehen, und die Steuereinnehmer wurden beschimpft. Am 9. Mai berechnete man auf 4833 fl. eingegangene Steuer 8001 fl. Restanz. Noch fanden sich viele Flüchtlinge in der Stadt, darunter solche, welche sich durch ihre Flucht der Steuerzahlung in der Heimat zu entziehen suchten. Dies gab dann zu Reklamationen von den benachbarten Ämtern Cannstatt, Waiblingen, Schorndorf Veranlassung. Die Armut nahm überhand, am 2. März mußte man beschließen, Brot unter die armen Bürger auszuteilen. Die Bettler, wenn sie gesund waren, wurden aus der Stadt getrieben. Oft fand man morgens Verhungerte auf den Straßen. Das schlimmste aber war in der mit Unrat erfüllten Stadt die ansteckende Krankheit, welche immer mehr um sich griff, die Pest, wie man sie jetzt nannte.

Am 28. April wurde gemeldet, der Funden- und Agneskirchhof seien überfüllt, und man beschloß, im Garten des Augustiner- und Barfüßerklosters zu begraben und die im Seelhaus Verstorbenen in eine Grube im Garten zu werfen. Nach einem Beschluß vom 28. Mai sollten die beiden Stadtärzte, Cellius und Weller, eine Ordnung abfassen, wie es bei einreißender schwerer Seuche zu halten sei; 30. April: kranke Bettler sollen in das Seelhaus und die beiden Siechenhäuser aufgenommen werden; Ärzte und Geistliche verlangen eine gründliche Reinigung der Stadt; 12. Mai: weil durch Infektion so viele Bürger gestorben, soll ein neues Bürgerverzeichnis angelegt werden; 9. Juni beantragt der Pfarrherr, weil die Infektionen zunehmen, sollen die Toten schneller begraben und das Vorsingen vor den Leichen eingestellt werden; Beschluß: Die gewöhnlichen Wochenpredigten wieder einzuführen, und die Verstorbenen zu der Predigtstunde zu begraben; 18. Juni: Bettler sollen nicht in die Stadt gelassen, sondern jeden Sonntag vor den Thoren die von den Bürgern gesammelten Almosen ihnen gereicht werden; 22. Juni liegen im Lazarethaus 40 Kranke, die Vermöglichen unter ihnen sollen die Kosten, 1 fl. wöchentlich, selbst bezahlen; 4. August: Infizierte fremde Personen sollen ausgewiesen werden; wegen der Infektion soll man Feuer auf den Straßen anzünden; 6. September und 1. Oktober: 9 Ratsherren, der Stadtbaumeister, ein Arzt, beide Unterkäufer sind gestorben; 7. September: Weil fast alle Häuser infiziert sind, kann die Feuerschau nicht vorgenommen werden; 15. September werden wegen Infektion die Schulen geschlossen. Wagner selbst, wie er in seiner Todesbetrachtung erzählt, glaubte einmal, von der Seuche befallen, sterben zu müssen; er genas wieder, doch verlor er seinen Schwager, den kurz erst angestellten Stadtphysikus Johann Erhard Cellius, der ein Opfer seines Berufs wurde.

Im Jahr 1636 blieb die Stadt von Einquartierung verschont, da General v. Ossa sie unter seinen Schutz genommen hatte; aber er that dies nur, um sie für sich auszubeuten. Bei der Aufnahme in den Prager Frieden war der Stadt die Bezahlung von 120 Römermonaten = 26 880 fl. auferlegt worden, aber sie mußte an Ossa viel mehr bezahlen. Damit die Zahlungen besser beigetrieben werden könnten, schickte Ossa seine Gemahlin und seinen Hausfreund, den Oberkommissär Lang, in die Stadt. Die Frau Generalin führte ein strenges Regiment. Sie verlangte pünktliche Zahlung der Kontribution, beklagte sich über Unreinlichkeit in den Gasthäusern (der Wirt zum goldenen Adler begehrte von dem Rat „Tischsalvetlein" für die Frau v. Ossa, welche ihm bewilligt wurden), befahl, daß die Straßen gereinigt und besonders die Düngerhaufen weggeschafft würden, „befand sich disgustiert", weil man — trotz der Thorwachen — eine Kompanie Kroaten hatte durch die Stadt ziehen lassen. Als einmal fremde Spielleute sich hier hören ließen, erklärte sie, wenn man noch so lustig sei, werde man auch die 2000 fl. Kontribution, die verfallen seien, zahlen können, und drohte mit Einquartierung, worauf die Spielleute ausgewiesen und ein Teil des Geldes sogleich erlegt wurde. Den Stadtmüller verklagte sie, weil er ihr keinen „Spreuer" liefere. Dieser sagte, lieber schütte er's in den Neckar, und wurde dafür in den Turm gesteckt. Das alles mußten sich die stolzen Herren auf dem Rathaus von der Soldatenfrau bieten lassen.

Wegen Herabsetzung der hohen Kontribution sollte mit Ossa unterhandelt werden. Ende März kam dieser selbst hieher und wurde vom Spitalmeister Wagner empfangen. Dem Rat ließ er durch Kreidenmann sagen: wie er beim spanischen Durchzug und seither die Stadt in guter Obacht behalten, so wolle er fortfahren; um die Pläne verschiedener Oberbefehlshaber, welche die Stadt mit Quartier belegen wollen, zu vereiteln, habe er die

1000 fl. Kontribution monatlich der kaiserlichen Kriegskasse zugewiesen; diese Summe also solle man regelmäßig bezahlen; er wolle Eßlingens Patron, ja Vater sein, dagegen verhoffe er auch, daß die Eßlinger keine bösen Buben sein werden.

Dieser Vater Eßlingens konnte aber nicht verhindern, daß der Feldmarschall Gallas von der Stadt verlangte, sie solle die zum Unterhalt zweier Reiterschwadronen verglichenen 6000 fl. monatlich bezahlen. Er schickte auch einen Oberwachtmeister hieher, um das Geld einzufordern. Ossa ließ nun dem Rat bedeuten: in Nördlingen liegen zwei Schwadronen vom Regiment Piccolomini, und diese kosten die Stadt monatlich über 20 000 fl.; man solle bei Juden, Türken und Tartaren Geld aufnehmen, um die 6000 fl. zusammenzubringen; wenn man sich bei Gallas beschwere, komme man in des Teufels Küche. Also Geld mußte herbeigeschafft werden, und so sann man auf neue Steuern. Eine Abgabe von 10 kr. wurde auf jeden eingeführten Ochsen gelegt. Johann Leonhard Kreidenmann, der Sohn Johann Konrads, wurde wegen Erhöhung des Zolls im Mai an den Kaiser geschickt, und dieser konnte am 5. Oktober dem Rat berichten, daß der Kaiser erlaubt habe, vom Wagen 40 statt 30, vom Karren 21 statt 15 kr. einzuziehen, auch von jedem Pferd 2 Pf. Brücken- und Pflastergeld; allein davon waren die württembergischen Unterthanen und die Reichsritterschaft eximiert. Extraordinäre Steuern wurden auch den Bürgern auferlegt, welche eine einträgliche Hantierung hatten. Die widersetzlichen Bauern in den Spitaldörfern wurden mit Exekution bedroht.

Um den Steuern zu entgehen, ließen sich viele nicht mehr in die Zunftlisten einschreiben, was man bei hohen Strafen verbieten mußte. Auch mußten manche Bürger bedroht werden, weil sie ihre Grundstücke nicht mehr bebauten. Dazu trat Teuerung und Mangel ein, es wurde Rattenfleisch auf dem Markt verkauft. Durch Verbot des Kornwuchers und durch Taxen auf die Lebensmittel suchte man der Teuerung entgegenzuwirken.

Zu Anfang des Jahres 1637 schickte der Rat den Spitalmeister und den jüngern Kreidenmann auf den fürstlichen Kollegialtag zu Regensburg, um die Beschwerden der Stadt vorzubringen. Diese konnten von dort Ende Januar melden, der Kaiser habe der Stadt die Quartierfreiheit bestätigt; dennoch legte Gallas sechs Kompanien seines Leibregiments in die Stadt. Im Februar schicken die Abgesandten ein kaiserliches Schreiben, man solle die Einquartierten aus Eßlingen abführen; diese blieben und begingen immer mehr Insolentien; ja es wurde im Februar noch eine siebente Kompanie hieher gelegt. Der Spitalmeister mußte zu Gallas nach Leonberg und Stuttgart reisen, um Abhilfe zu verlangen. Dieser versprach zwar Abstellung der Insolentien, wegen des Abzugs der Truppen aber gab er nur Vertröstungen, und so blieben diese auch bis 9. Juni in den „Winterquartieren". Der neue Kaiser Ferdinand III. (seit 15. Februar) gab Ende Juni von Prag aus Befehl, die für den ganzen Juni von der Stadt schon bezahlten Quartierkosten sollten ihr wiedererstattet werden. Dies meldete der Spitalmeister dem Generalkommissär Höffel; der meinte jedoch, von den Offizieren bekomme man nichts wieder heraus, auch dürfe man sich nicht mit ihnen verfeinden, da sie einem sonst große Übel bereiten könnten.

Im Dezember verlangte der Oberkommissär Höffel, die Stadt solle den Generalwachtmeister Enkefort mit seinem Stab und zwei Schwadronen in Quartier nehmen. Knippschild und der Spitalmeister wurden nach Heilbronn geschickt, um wegen einer leiblichen Kontribution anstatt der Einquartierung zu unterhandeln. Aber Höffel, der grimmigste aller Kommissäre, der einzige, mit dem Georg Wagner, wie Tobias Wagner berichtet, nicht fertig wurde, fuhr die Abgesandten an: die Eßlinger müssen diese Truppen, für welche er noch kein Winterquartier habe, aufnehmen, der Dienst des Kaisers erfordre das; wollen sie nicht, beim Teufel so gehe es schlecht, und sie bekommen ein Regiment Kroaten. So mußte die Stadt also die Enkefortschen aufnehmen.

Aber diesmal sollten die Kaiserlichen aus ihren Winterquartieren übel aufgeschreckt werden. Schon im Januar begann Bernhard von Weimar den Feldzug am Oberrhein, eroberte Säckingen, Laufenburg und Waldshut und begann anfangs Februar die Belagerung der starken Festung Rheinfelden. Kaiserliche Truppen unter dem Herzog von Savello und bairische unter Johann von Werth rückten zum Entsatz heran, wurden aber von Bernhard am 21. Febr./3. März geschlagen und beide Heerführer gefangen genommen. Ihr geschlagenes Heer wälzte sich durch Schwaben und ließ seinen Grimm an den unglücklichen Landleuten durch Plündern und Mißhandlungen aus. Besonders die Spitaldörfer Möhringen und Vaihingen wurden übel mitgenommen. Rasch drangen Bernhards Reiter den Fliehenden nach, und am 30. März schickte Oberst Schaffaltzky von Stuttgart aus Botschaft nach Eßlingen, Generalmajor Tupadel mit der schwedischen Avantgarde von 1500 Reitern sei hier angekommen; Eßlingen solle Gesandte wegen eines Vertrags nach Stuttgart schicken. Der Spitalmeister mit Daur und Knippschild wurde nach Stuttgart geschickt, sie boten, wenn man die Stadt verschonen wolle, 800 bis 1000 fl. an, die Schweden verlangten 500 Reichsthaler. Bis man handelseinig wurde, mußten die Gesandten zwischen Eßlingen und Stuttgart noch zweimal hin- und herreiten. Erst bei der dritten Reise wurde ein Rezeß festgestellt, daß Eßlingen zur Abwendung der Kriegsgefahr in 14 Tagen 1560, dann für den Mai und die folgenden Monate 500 fl. zahlen wolle. Auf diesen Rezeß hin, welchen Wagner am 4. April hieher zurückbrachte, ließen sich die Schweden 2500 fl. herauszahlen; denn ihr schwaches Häuflein mußte an schleunigen Rückzug denken, schon nahte der bairische General Götz mit seiner Armee durch das Fils- und Remsthal heran und forderte Quartier und Proviantlieferungen. An den bairischen General hatte man schon am 7. April ein Entschuldigungsschreiben wegen des Traktats mit den Schweden abgehen lassen, am 19. beschloß man, Wagner und Daur persönlich an ihn als Unterhändler nach Kirchheim zu senden. Am 20. April verbreitete sich hier das Gerücht, die beiden seien von Götz sehr übel empfangen und vor ein Kriegsgericht gestellt worden. Doch sind sie am 21. April wieder hier und berichten über die Forderungen des Generals: er will 200000 Pfund Brot, 100 Eimer Wein, 200 Scheffel Futter, auch Fleisch und andres für seine Tafel haben. Nach einigem Handeln kommt man auf 10000 Pfund Brot und 80 Faß Wein überein; Pferdefutter habe die Stadt keines; dagegen wird für des Generals Tafel das Verlangte bereitwillig gewährt. So erklärt Götz am 2. Mai, daß er die Entschuldigung der Stadt annehme.

Dennoch ließ man es die Stadt entgelten, daß sie sich wieder mit den Schweden eingelassen hatte. Während die Seuche noch nicht erloschen war, wurde ein Militärhospital hieher verlegt. Später kam der General von der Golz mit seinem Stab und zwei Kompanien Kroaten hieher, und dabei mußte die Stadt noch Servisgelder an den bairischen General von Geleen bezahlen. Der Oberkommissär Höffel aber zog die Kontribution mit unnachsichtlicher Strenge ein und befleißigte sich gegenüber dem Rat und den städtischen Beamten einer Grobheit, die selbst für die Zeiten des dreißigjährigen Krieges zu stark war. Im März 1639 ließ er, da der Rat in eine Erhöhung der Kontribution nicht willigen wollte, dem Bürgermeister sagen, man solle alsbald für 172 Soldaten Quartier machen. Knippschild und Spitalmeister wurden an ihn abgeordnet, um zu fragen, ob nur auf eine Nacht oder auf länger. Als diese ihn höflich anredeten, fuhr er los, es bedürfe des Titulierens nicht, er und die Eßlinger seien gute Freunde zusammen; es könne einmal nicht anders sein, die assignierten 172 Mann müssen zu den übrigen Lasten eingenommen und verpflegt werden, und wenn darüber die Stadt zu Grunde ginge; er werde allhier nicht respektiert, man schicke ihm lauter Bengel als Aufwärter zu, man gönne ihm nicht einen Trunk guten Weins um sein Geld. Als die Gesandten ihn versichern, wenn ein ehrsamer Rat Ihro Gestrengen Gedanken erraten könnte, würde er dieselben bereitwilligst zu erfüllen suchen, ließ er sich vernehmen, das sei bloßes Geschwätz, es habe hier niemand Respekt noch Verstand. Zu einer bestimmten Antwort über die Anfrage war er nicht zu bringen. Als Wagner mit zwei Begleitern am folgenden Tag wieder zu ihm geschickt wird, müssen sie nochmals die Schimpfreden desselben über die Eßlinger anhören, sie seien ein hochmütiges, teuflisches, sakramentisches Volk, das nur mit Schelmenstücken umgehe. Doch erklärt er endlich, sie sollen die bestellten 172 Mann verköstigen, dann werden diese weiterziehen. Tags darauf aber schickt der Gestrenge an die Geheimen einen Generalauditor mit dem Befehl, was an Wein und Früchten hier liege, von

Haus zu Haus aufzuzeichnen, damit Kaiserliche Majestät, wenn sie künftig davon etwas von nöten hätte, es um das bare Geld erkaufen lassen könnte. Die Geheimen erklären, so etwas sei hier noch nie vorgekommen, man müsse darüber den ganzen Rat befragen und bitte um Aufschub. Der Generalauditor erwidert: er könne nicht begreifen, warum man sich — beim Versprechen der Barzahlung — diffikultiere, und geht davon, ohne eine Abschrift seiner Ordre zu hinterlassen. Einige Offiziere mit 14 Musketieren beginnen auch sogleich am Mettinger Thor die Visitation. Der Spitalmeister muß bei Höffel Vorstellungen dagegen machen und mündliche Angabe der Vorräte durch die Bürger anbieten — vergebens! Nur daß ein Ratsherr der Visitation beiwohne, gestattet Höffel. Einhellig beschließt der Rat, man müsse der Sache ihren Lauf lassen; aber kein Bürger solle seinen Keller selbst öffnen, sondern lieber ihn aufschlagen lassen. Der Stadthauptmann Seefels, Wagners Schwager, welcher Schimpfreden gegen die Weinvisitatoren ausstößt, wird seines Amtes entsetzt und muß 20 Reichsthaler Strafe zahlen. Klagen, daß mehr Wein aufgeschrieben werde, als vorhanden ist, muß der Spitalmeister an Höffel bringen. Auch wird er an den alten Ratgeber der Stadt, Dr. Burkhard, jetzt württembergischer Vizekanzler, nach Stuttgart wegen dieser Angelegenheit geschickt. Dieser giebt den Bescheid, es sei gegen die Exorbitantien nichts zu machen, als daß man sich in Geduld fasse, dem Oberkommissär unterthänigen und guten Willen erweise und das übrige Gott befehle. Als am 18. März General v. der Golz hieherkommt, werden Bürgermeister, Kreidenmann und Spitalmeister an ihn abgeschickt, um sich über Höffel zu beklagen. Der General jedoch giebt ihnen eine harte und grobe Antwort und droht mit Vermehrung der Einquartierung.

und der Rat beschließt, gegen beide im Respekt zu verharren. Es werden auch dem Oberkommissär alle seine persönlichen Wünsche um bessern Wein, bessere Bedienung und bessere Wohnung bereitwilligst erfüllt, und anfangs Mai geht er ab nach Calw, ohne übrigens hier seine Schulden bezahlt zu haben. Die Eßlinger verklagen ihn deshalb bei dem Generalauditor, aber dieser hilft ihm durch, indem er erklärt, die Schuldenrechnungen seien nicht richtig, sondern viel zu hoch; sie müssen vorher rektifiziert werden, ehe an Bezahlung zu denken sei.

An Jakobi (25. Juli) 1639 wurde Georg Wagner zum Oberumgelder erwählt. Da sich aber lange kein Nachfolger für ihn finden wollte, so mußte er noch bis Februar 1640 die Spitalrechnung führen. Er hatte das große Verdienst, in den zwölf Jahren seiner Wirksamkeit am Spital in die Verwaltung dieser Anstalt eine feste Ordnung gebracht zu haben; denn er hielt streng auf Abhörung der Vierteljahrsberichte und setzte es auch gleich im Anfang seiner Thätigkeit, im November 1628, durch, daß für die Ausgaben des kommenden Vierteljahrs ein Plan festgestellt wurde. Auch gab er sein Amt nicht ab, ohne durch eine Denkschrift auf die Mängel, welche in der Spitalverwaltung sich noch vorfanden, aufmerksam gemacht zu haben.

Er bringt hier zuerst auf Untersuchung gegen einen Kastenmeister, der seine Rechnungsablage immer hinausgeschoben hatte und darüber gestorben war: seine Erben sollen für den sich ergebenden Abmangel einstehen müssen. Ebenso solle der Küchenmeister alsbald zur Rechnungsstellung angehalten werden. Im Kampfe gegen Nachlässigkeiten und Unterschleif der niedern Spitalbediensteten war ja Wagner immer unermüdlich gewesen. Sodann sollten die Gültleute in Cannstatt, welche nicht zahlen wollen und die einfordernden Beamten verhöhnen, ernstlich gemahnt und mit Verklagung bei dem Vogt und bei dem Herzog bedroht werden. Diese Gültleute hatten sich nämlich infolge eines langwierigen Prozesses, welcher über die Rechte des Spitals im Cannstatter Amt geführt wurde, des Zahlens entwöhnt. Ferner sei es nicht zu dulden, daß die Pächter der Spitalhöfe im Cannstatter Amt statt ein Drittel des Ertrages nur vier bis fünf Garben entrichten, und ebenso solle der Landzinser, wie Wagner dies schon teilweise gethan habe, bei andern Gültleuten auf ein Drittel des Ertrags übereinkommen. Die Steuerverhältnisse der sehr herabgekommen Spitaldörfer, wo beinahe ein Drittel der Felder wüste liege, seien durch eine neue Eidsteuer zu ordnen. Über die, besonders seit der Nördlinger Schlacht, sehr großen Rückstände sei im einzelnen Fall zu berichten und Entscheidung zu treffen. Da die Grundbücher über die Einkünfte des Spitals nicht übereinstimmen, sei auch hier Ordnung zu schaffen. Die Spitalhöfe seien wohl zu überwachen, daß die Felder sorgsam bebaut, Vieh für sie einkauft, auch Hühnerzucht auf ihnen getrieben werde. Der Küchenmeister sei wohl zu beaufsichtigen, Küche, Keller und Anrichte häufig zu visitieren. Man solle einige ewige Zinsen ablösen, um Geld zu bekommen. Auch durch Annahme von Pfründnern, welche dem Spital gegen Verpflegung ihr Vermögen verschrieben, suchte Wagner dem Geldmangel abzuhelfen. Er kommt endlich noch auf das Spitaldorf Deizisau zu sprechen. Dort sei das Wegziehen zu verbieten, da sonst der Flecken ganz entvölkert werde.

Für den in eine höhere Stellung beförderten Spitalmeister ließ sich, wie schon gesagt, länger kein Ersatz finden, und Eberhard Weißart, welcher im Februar 1640 zum Spitalmeister gewählt wurde, hat das Amt ungern angenommen, ist auch bald wieder zurückgetreten. Mit Recht konnte also in späteren Jahren Wagner sich rühmen: „Ich bin durch Gottes Gnade und meinen angewandten Fleiß der erste Spitalmeister in diesem seculo und in 60 Jahren gewesen, der ohne Kletten, Schand und Unfall außer dem Spital gekommen."

Im dritten Jahre, nachdem er in städtische Dienste getreten war, hat sich Wagner auch **verheiratet**. Es lebte hier in ziemlich ärmlichen Umständen mit ihren fünf

Kindern die Witwe des Johann Erhard Cellius; dieser war zuerst Geistlicher in der Reichsstadt Wimpfen am Neckar gewesen, war dann als solcher hieher berufen worden und im Jahre 1627 als Pfarrherr und Superintendent gestorben. Eine Tochter desselben, Anna Ursula, geboren zu Wimpfen den 29. März 1610, war Wagners Auserkorene. Am 27. April 1630 hielt er beim Rat um Heiratserlaubnis und um Aufnahme seiner Braut ins Bürgerrecht an. Beides wurde ihm gewährt, auch am 7. Mai beschlossen, ihm, weil er eine Zeit lang im Jahre 1629 das Spitalmeisteramt als Amtsverweser allein verwaltete, als Hochzeitsgeschenk zehn oder zwölf Staufen (Kannen) Wein und vierunddreißig Reichsthaler zu verehren. Am 10. Mai fand die Hochzeit statt. Wagner bekam an seiner „Cellia" eine fromme und getreue Hausfrau, welche er, wie Pfarrherr Weinheimer in der Leichenrede berichtet, seine Augenlust zu nennen pflegte, „welche ihn herzlich geliebet, nie betrübet, freundlich geehret, seine Freude vermehret, viel Unmut verzehret, Unfall verwehret, und Widriges abgekehret." Als verheirateter Bürger verpflichtet, zur Verteidigung seiner Vaterstadt mitzuhelfen, stellte sich Wagner am 22. Juni mit seiner Wehr als einer Rüstung zu Pferde und wurde in Eid genommen. Dieser Ehe sind sechs Kinder entsprossen: ein Söhnlein starb in frühem Alter; die fünf übrigen, welche ihre Eltern überlebten, waren: Georg Friedrich, geboren 1631, Anna Sabina 1636, Anna Rosina 1639, Anna Regina 1640, Anna Christina 1645.

III.
Die Jahre 1639—1650.

Wagner als Oberumgelder. Seine Wahl zum Amtsbürgermeister. Ereignisse bis zum Abzug der letzten fremden Truppen aus der Stadt.

An Jakobi 1639 wurde Wagner, ohne vorher Rats- oder Gerichtsherr gewesen zu sein, „nicht ohne große Vernelbung," sagt der Leichenredner, als fünfter der Geheimen in den Rat gewählt und trat damit aus der Stellung der Bediensteten (ministri) in die der Gebietenden (proceres) über, wie Tobias sagt. Mit seinem Eintritt in die oberste Stadtbehörde wurde ihm zugleich das Amt eines Oberumgelders übertragen, und eben dies war wohl der Grund seiner schnellen Erhebung, daß man hoffte, der Mann, der die Verhältnisse des Spitals so gut geordnet hatte, werde auch der Verwirrung im Finanzwesen der Stadt steuern können. Er selbst urteilt davon also:

„Es ist zum Erbarmen, daß unsre lieben Voreltern so schlecht gehauset und gemeine Stadt immerzu nur mit Aufnahmegeld beschweret und, wenn ich recht sagen soll, mit Merzlerei umgegangen. In einem Jahr haben sie viel Geld an einem Ort aufgenommen, an andern Orten wieder abgelöst, wie sich in beiliegendem Verzeichnis finden wird, daß von anno 1572 bis 1592 in 20 Jahren 276 774 fl. aufgenommen und hingegen 190 154 fl. abgelöst, ist also mehr aufgenommen denn abgelöst 86 620 fl. Anno 1572 ist man von 351 300 fl. Hauptgeld jährlich zu verzinsen schuldig gewesen 17 615 fl., anno 1592 von 424 520 21 226 fl., hat man also in 20 Jahren jährlich ungefähr 3600 fl. mehr verzinset. Von 1593 bis 1628, also in

33 Jahren, hat man angefangen, ein klein wenig besser Ökonomie zu führen und in solcher Zeit innhalt beiliegender meiner gemachten Verzeichnisse mehr abgelöst dann aufgenommen 10 038 fl.; von anno 1628 bis 1634, also in 6 Jahren, und von 1634 bis 1639 kann man eigentlich nur so viel sagen, daß man nicht wohl gehauset, sondern unvorsichtig Schulden gemacht."

Schon beim Eintritt in sein neues Amt konnte Wagner sehen, welche Geschäftslast ihn erwarte. Am ersten Amtstag ging er mit seinen zwei Kollegen, den Umgeldern Johann Georg Schloßberger und David Maucharb, auf das Steuerhaus, in der Hoffnung, daß er dort seinen Vorgänger, Hans Kaspar Daur, welcher Stadtamtmann geworden war, treffen und dieser ihm das Amt förmlich übergeben werde. Statt dessen aber übersandte ihm dieser durch den Stadtknecht die Schlüssel zum Geldschrank, Quittungskasten und den andern Truhen und ließ ihm zum neuen Amte Glück wünschen. Als nun der neue Oberumgelder die verschiedenen Kästen öffnete und nachsah, fand sich alles in größter Unordnung: von Jakobi 1632 bis 39 war keine Rechnung vollständig vorhanden, seit 1632 war kein Sturz, Rechnung oder Überschlag gehalten worden. So galt es denn zunächst, das Vorhandene zu ordnen und neue Verzeichnisse über Einnahmen und Ausgaben anzulegen. Dann aber war mit den verschiedenen Kassen, welche Geld einzuziehen hatten, zu verhandeln und festzusetzen, wie viel sie schon bezahlt hätten oder zu zahlen noch schuldig wären. Eine Menge von Rückständen war entweder einzuziehen oder in Abgang zu schreiben. Dabei hatte Wagner den Grundsatz, gegen die Zahlungsfähigen mit Strenge vorzugehen, die Schwachen aber zu schonen. Jeden Unterschleif, besonders beim Zoll unter den Thoren, suchte er durch strenge Aufsicht zu verhindern.

Auch war er der Meinung, es sei eine genaue Instruktion für das Umgelderamt festzustellen, damit nicht der neu in dieses Amt Eintretende auf Kosten der Stadt zu lernen brauche, was er zu thun habe, und hat eine solche auch später verfaßt.

Gegen jede Unredlichkeit verfuhr er mit unerbittlicher Strenge, und es galt ihm kein Ansehen der Person. So hatte einer seiner Kollegen im geheimen Rat, der Obersteurer Johann Wegelin, es sich beigehen lassen, als er die Kontribution für das Goldsche Regiment einzog, 500 fl. davon für sich zu verwenden. 150 fl. hatte er wieder zurückerstattet; mit dem Rest von 350 fl. glaubte er durchschlüpfen zu können. Er kam zu Wagner und erklärte ihm: seine Rechnung wolle nicht stimmen; er müsse wohl 350 fl. an das Umgelderamt bezahlt, aber keine Quittung dafür erhalten haben. Wagner und später auch seine beiden Kollegen wiesen aus ihren Rechnungsbüchern nach, daß dies nicht der Fall sei. Da aber Wegelin auf seiner Angabe beharrte, gaben die drei Umgelder ein Klagschreiben wegen Verleumdung gegen ihn an die Geheimen ein, und so mußte die Sache untersucht werden. Während der Untersuchung starb Wegelin; sein Witwe wurde verurteilt, die entwendete Summe zu bezahlen, wenn ihr auch das Strafgeld, welches ein Drittel der Summe betrug, erlassen wurde. Wegen der Schimpfreden aber, welche sie gegen Wagner und seine Kollegen immer wieder ausstieß, mußte sie Abbitte leisten und 20 Reichsthaler Strafe bezahlen. Infolge dieses Vorgangs nun faßte der Rat am 27. November 1641 den Beschluß: Jeder, der der Stadt über irgend etwas Rechnung abzulegen habe, müsse dies innerhalb dreier Monate thun und auch die Belege für seine Rechnung beibringen; niemand dürfe das Amtsgeld angreifen, noch zu seinem eigenen Nutzen umtreiben. Damit war also, hauptsächlich durch Wagners Verdienst, der bisherigen Fahrlässigkeit in der Verwaltung der städtischen Finanzen ein Riegel vorgeschoben.

Besonders war Wagner darauf bedacht, die Schuldenlast der Stadt zu verringern, und häufig gebrauchte er seine Redegabe dazu, die Gläubiger zu einer Ermäßigung ihrer Schuldforderungen zu bewegen, so daß er mit 7337 fl. 40 kr. eine Summe von 10712 fl. abzahlen konnte; dadurch wurden die jährlichen Ausgaben um 535 fl. 36 kr. verringert. Dabei war er ängstlich darauf bedacht, keine neuen Anleihen zu machen, und wenn die Not der Zeit dies doch erforderte, sorgte er dafür, daß sie möglichst bald wieder heimbezahlt wurden.

Über seine strenge Rechtlichkeit in der Finanzverwaltung sagt Weinheimer in der Leichenrede: „Er hat es sich für die größte Ehre geschätzet, daß (ungeachtet vieler damals verrichteter Reisen) gleichwohl in 21 Jahren (1627—47), innerhalb welcher er, sonderlich wegen der überhäuften Kriegspressuren, mehr als eine Million zu verrechnen und zu verantworten hatte, niemals irgend ein Bürger oder Fremder gekommen, der nur wegen eines Kreuzers, der ihm zu viel oder zu wenig aufgeschrieben sei, geklagt oder wegen irgend einer Rechnung einen Disput gehabt hätte," wofür er sich auf das Zeugnis seiner Kollegen und Nachfolger berufen konnte.

Seine diplomatische Thätigkeit, „die vielen Reisen," mußte Wagner auch als Oberumgelder noch fortsetzen. Immer noch hausten die Soldaten im Schwäbischen Kreis, für gewöhnlich die Kaiserlichen und die Batern. Da mußte benn mit Kriegskommissären wegen „Moderation" der Kontributionen und mit Generalen wegen Minderung der Quartiere verhandelt werden, und es war schon Gebrauch geworden, daß Wagner dies besorgte. Am 17. März 1642 beschließt der Rat: Weil Georg Wagner und Dr. Knippschild unterschiedliche gefährliche Reisen nach München und an andre Orte vollbracht haben, solle jeder eine Belohnung von 30 Reichsthalern erhalten. Im Mai des folgenden Jahres müssen Wagner und Heinrich Schloßberger vom Gericht wieder nach München gehen, um Herabsetzung oder wenigstens Dilation der Kontribution von 40 Römermonaten zu erbitten. Noch gefährlicher wurde die Sache, wenn der Feind ins Land drang und die kaiserliche Reichsstadt sich genötigt sah, um der Plünderung zu entgehen, mit ihm ein Abkommen zu treffen. So geschah es Januar 1643, als Marschall Guébriant mit einem weimaranisch-französischen Heere am Neckar heraufrückte und sich eine Zeit lang in Cannstatt festsetzte. Zehn Tage lang widerstand die Stadt Eßlingen seinen Zumutungen, notgedrungen mußte sie endlich, datiert vom 25. Januar/4. Februar zu Cannstatt, einen Vertrag mit dem Franzosen schließen, nach welchem sie 100 Mann vom Regiment des Herzogs Friedrich von Württemberg (des Bruders Eberhards III.), welches die Avantgarde bildete, als Garnison aufnahm. Am 23. Januar wurde Wagner ausgeschickt, um den Marschall aufzusuchen, damit er den Vertrag unterschreibe. Auf die Nachricht, derselbe sei nach Kirchheim u. T. vorgerückt, machte er sich auf den Weg dahin, begleitet von Lukas Schickhardt, Geheimem Staatssekretär von Stuttgart, und einem Überreiter. Da die Reisenden unterwegs Verdacht schöpften, wollten sie wieder umkehren, aber es war zu spät. Bairische Reiter des Generals Johann v. Werth, vor dem Guébriant sich zurückgezogen hatte, fielen plötzlich über sie her und plünderten sie aus. Doch ließen sie sich erbitten, die Gefangenen ins Quartier des Generals zu führen, wo Wagner von diesem, Schickhardt von dem Generalkommissär Schäfer einem scharfen Verhör unterworfen wurde. Es gelang ihnen, sich hinauszureden, bei Wagner wurde glücklicherweise nichts Schriftliches entdeckt. Schickhardt wurde nach drei Tagen entlassen und schrieb am 29. Januar von Stuttgart aus einen Trostbrief an Wagners Gattin, es gehe diesem gut, er werde sogar von Johann v. Werth zur Tafel gezogen. Bedenklicher lautet ein Brief an Kreidenmann vom 30. Januar, worin es heißt, die baierischen Generale Mercy und Werth seien über den Vertrag Eßlingens mit den Feinden sehr erzürnt gewesen, die Eßlinger sollten sich, so lange Wagner gefangen sei, doch ja jeder Feindseligkeit gegen die Baiern enthalten. Indessen mußte Wagner als Gefangener auf Ehrenwort bei dem bairischen Heere bleiben und wurde bei Tag und bei Nacht bei großer Kälte umhergeschleppt. Sogar an den Kurfürsten nach München wurde Meldung über ihn gemacht. Er selbst schreibt am 9./19. Februar von Reutlingen aus: „Ich erwarte meine Entledigung mit Geduld, getröste mich, daß ich in diesem Handel nichts wider Gott, nichts wider Gewissen und christliche Ehrbarkeit gehandelt, nichts vorsätzlich oder mutwillig gethan; sondern daß allein der Not und vor Augen gestandenem Ruin gewichen und alles einzig und allein zu Erhaltung dieser so alten getreuen Stadt und Bürgerschaft angefangen und negoziert worden."

Am gleichen Tag schreibt Generalkommissär Schäfer von Tübingen an den Rat, Wagner werde bald nach Hause entlassen werden; die Herren sollen nur für pünktliche Zahlung der Kontribution sorgen. Wenige Tage darauf scheint Wagner auch heimgekehrt zu sein. Aber schon am 23. Februar läßt sich der Unermüdliche wieder mit Heinrich Schloßberger nach Tübingen schicken, um durch seine diplomatische Gewandtheit eine drohende Einquartierung abzuwenden. Am 13. Oktober wird den bleiben, weil sie im letzten Jahre wieder oft verschickt worden seien, eine besondere Verehrung zuerkannt: der Oberumgelder bekommt 40 Reichsthaler, zwei Scheffel Kernen, zwei Wägen Holz; Schloßberger die Hälfte. Außerdem erhält der erstere am 9. Januar 1644 für ein bei seiner Gefangennehmung verlorenes Pferd 53 fl. und für geraubtes Geld 38 fl.

Trotz aller Bitten Eßlingens kam in die Stadt bairische Einquartierung, zuerst wenige, dann immer mehrere. Daneben mußte die Stadt dem Kaiser eine hohe Kontribution zahlen, auch Proviantlieferungen wurden von ihr verlangt. Um den heiß ersehnten Frieden herzustellen, versammelte sich in diesem Jahre ein Deputationstag zu Frankfurt, zu dessen Besuch Nördlingen am 5. Mai auch die Eßlinger aufforderte. Aber es nützte die Schwachen wenig, ihre Beschwerden (gravamina) vorzubringen; es kam nur zu endlosen Beratungen. So richtete sich der Blick auf den Kongreß zu Osnabrück und Münster, wo allmählich die Gesandten des Kaisers, Frankreichs und Schwedens sich einfanden, um durch einen dauernden Frieden das Gleichgewicht (aequilibrium) in Europa herzustellen. Daß an diesen Friedensverhandlungen auch die Reichsstände teilnehmen sollten, hatte schon zu Frankfurt der Abgeordnete des Kurfürsten Friedrich Wilhelm von Brandenburg gefordert, und da auch Schweden besonders darauf drang, mußte Ferdinand III. dies Zugeständnis machen. So lud er denn durch einen Erlaß vom 29. August 1645 n. S. Eßlingen, wie alle Fürsten und Reichsstädte, zu den Friedenstraktaten ein. Die evangelischen Reichsstädte Schwabens hielten nun am 20. bis 23. Oktober eine Versammlung zu Ulm, um sich über ihr Verhalten auf dem Kongresse zu verständigen. Sprecher für Eßlingen war dabei natürlich Wagner, dem seine

Vaterstadt auch am 5. November eine besondere Verehrung für seine guten Dienste zuerkannte, und dieser scheint bei den Anwesenden einen so guten Eindruck gemacht zu haben, daß vier Städte, Reutlingen, Nördlingen, Hall, Heilbronn, welche den Kongreß nicht durch einen eigenen Vertreter beschicken wollten, nicht den Abgeordneten der „ausschreibenden" Stadt Ulm, sondern den der „nachsitzenden" Stadt Eßlingen zu ihrem Vertreter erwählten. Für seine Vaterstadt und diese Städte führte er das Votum; auch war er der Sprecher für Memmingen, Lindau, Isny und Leutkirch, die Abstimmung für diese aber hatten die ihm beigegebenen Syndici, Valentin Heyder aus Lindau und Christoph Schorer aus Memmingen. Für seine Sendung wurde ihm eine ausführliche Instruktion, datiert vom 20. November, ausgestellt:

> Er soll sorgen für die Erhaltung der Hoheit des Kaisers und des Reichs, aber auch des Stimmrechts der Reichsstädte, für Herstellung eines aufrichtigen, dauernden Friedens zwischen den Ständen des Reichs und mit den auswärtigen Mächten, für Beseitigung der Kriegsbeschwerden, für eine wirkliche allgemeine Amnestie, für Restitution aller seit 1618 Beraubten; er soll sich besonders der (durch die katholische Reaktion) beschwerten Städte Augsburg, Memmingen, Biberach, Lindau, Ravensburg, Kempten, Kaufbeuren, Aalen, Giengen und anderer annehmen, „denen in Religion, Gewissen und in der Polizei große gravamina überbunden werden", damit sie in den Stand gesetzt werden, worin sie 1618 oder wenigstens 1627 waren; er soll ferner dahin wirken, daß unparteiische Rechtspflege eingeführt, daß über Krieg und Frieden, Bann und Konfiskation, Staats- und Standesentsetzung nur mit Bewilligung der Kur- und andern Fürsten und Stände entschieden, und daß die Privilegien der Reichsstädte und der andern Stände erhalten werden. Auch dem Handel und Gewerbe ist freie Bahn zu schaffen, Zoll und Accise, welche ohne Bewilligung des Kaisers und der Fürsten eingeführt wurden, sind aufzuheben, ferner sind Maßregeln zu treffen, daß die im Kriege angehäufte unerschwingliche Schuldenlast erleichtert

werbe. Der Bevollmächtigte („Gewalthaber") hat auch die auf Entschädigung des kurpfälzischen Hauses und der Landgräfin von Hessen-Kassel gerichteten Bemühungen zu unterstützen. Der Friede und die Durchführung desselben sind unter die Garantie aller abschließenden Mächte zu stellen. Was sonstiges betrifft, so vertraut man der Fidelität und bekannten Legalität des Abgeordneten.

Sechs Kompanien vom Ruischenbergschen Regiment lagen in der Stadt im Winterquartier, als Georg Wagner gegen Ende Novembers 1645 von Weib und Kind Abschied nahm, um für sein „liebes Eßlingen" in kalter Winterszeit seine Fahrt zum großen europäischen Kongreß anzutreten. Er war mit Beglaubigungsschreiben und Schutzbriefen wohl versehen, schloß sich aber doch der größeren Sicherheit wegen an den württembergischen Rat und Abgeordneten, Konrad Varnbüler, an, welcher das gleiche Reiseziel hatte. Am 6. Dezember kamen sie in Frankfurt an, wo sie mit den Kollegen aus Memmingen und Lindau zusammentrafen. Am 17. ist Osnabrück erreicht; gleich am 18. schreibt Wagner einen Bericht nach Hause und meldet, was er neues schon erfahren hat, unter anderm: Die Admission der Städte sei festgestellt, er habe das vierte Votum; da immer noch nicht entschieden sei, ob den Gesandten der Kurfürsten das Prädikat „Exzellenz" zukomme, könne man diesen noch keine Besuche machen; ein neuer Streitteufel sei der Antrag der auswärtigen Mächte, die Reformierten in den Frieden mit aufzunehmen, was die Evangelischen nur zugestehen wollen, wenn man ihnen das jus reformandi versage; Trautmannsdorf habe die gravamina der Evangelischen am katholischen Christfest angenommen und nun könne darüber verhandelt werden; übrigens sei derselbe mit Baiern unzufrieden, weil es ihm mit dem Frieden nicht Ernst sei. Dieses alles hatte der findige Diplomat am ersten Tage schon herausgebracht.

Am 29. Januar 1646 schickt er dann an seine „großgünstigen und hochgeehrten, auch respective gebietenden Herrn" einen summarischen Bericht mit mehreren Beilagen. Nachdem er und seine Mitgesandten sich, so gut es die bekannte schlechte Akkommodation dieser Lande zuläßt, allhie eingerichtet, reist er mit ihnen und mit Varnbüler nach Münster zu dem württembergischen Vizekanzler, Dr. Andreas Burkhard, welcher ihm auch alles dessen, was er zur Inkaminierung seiner Negotiation verständig zu sein erachtet, gute Wegweisung an die Hand giebt. Am 27. Dezember haben die drei Abgeordneten Audienz bei dem österreichischen Bevollmächtigten, dem Grafen von Trautmannsdorf, der sie gnädig anhört, aber warnt, ihre Ansprüche nicht zu hoch zu spannen, auch sich nicht auf die auswärtigen Kronen zu steifen; der Kaiser habe ja schon eine Amnestie verkündigt, mit der sollen sie zufrieden sein; man solle nicht den Kaiser um Land und Leute bringen wollen; wenn der Friede nicht zu stande komme, so sei der Kaiser daran nicht schuldig. Da die eben ausgegebene Replik der fremden Kronen wichtige Konferenzen veranlaßt, müssen die Abgeordneten warten, bis sie am 2. Januar 1646 endlich auch bei dem Grafen von Lamberg und dem Dr. Crane vorgelassen werden. Sie übergeben ihre Beglaubigungsschreiben nun auch bei den schwedischen Bevollmächtigten und bitten bei ihnen um Gehör. „Alle Abgesandten ohne Unterschied und Bedenken haben bei den Schweden Besuch gemacht," fügt Wagner entschuldigend hinzu. Am 17. Januar empfängt sie Johann Oxenstierna, der Sohn und Nachfolger des großen schwedischen Kanzlers, und erklärt ihnen: die freien Reichsstädte haben das Recht, auch ohne des Kaisers Erlaubnis mit Schweden zu verhandeln, er wundere sich, daß sie Schwedens Aufforderung so lange nicht gefolgt seien; Schweden sei immer für den Frieden gewesen, derselbe müsse aber durch gemeinsame, öffentliche Verhandlungen herbeigeführt werden, damit die Katholiken nicht nachher sagen, sie seien gezwungen worden. Die Beschwerden der einzelnen Stände solle man mündlich oder schriftlich den Schweden mitteilen, damit sie durch das Friedenswerk gehoben werden; das erste sei eine allgemeine Amnestie und Herstellung des Zustandes vor 1618, davon werde Schweden nicht ablassen. Als die Gesandten ihm ihr Bedenken über die Forderung der Katholiken vortragen, daß die Satisfaktion der fremden Mächte vor der Restitution der geschädigten Reichsstände verhandelt werden solle, versichert er, das werde er niemals zugeben, die Sache der Stände sei Schwedens Sache, man werde nicht mehr einen so schlechten Frieden schließen, wie der Prager gewesen sei. Nach zwei Stunden endigt die stehenden Fußes gehaltene Unterredung zu großer Befriedigung der Abgesandten. Ungefähr den gleichen Bescheid erhalten die Abgesandten am 19. Januar von Adler Salvius, welcher eine Auseinandersetzung über die Politik Gustav Adolfs hinzufügt und erklärt, die Nachbarstaaten dürfen nicht zugeben, daß der Kaiser zu mächtig werde, sonst werde das Gleichgewicht Europas gestört.

Wagner berichtet weiter über Besuche bei den Gesandten der Kurfürsten und Fürsten, auch der ausschreibenden Städte Straßburg und Nürnberg (von Frankfurt und Ulm ist niemand zur Stelle; der Abgeordnete von Ulm erscheint nach halbjähriger Abwesenheit erst im März wieder). Bei ihren Kollegen aus den evangelischen Städten, welche gegenüber denen der katholischen eine Verstärkung sehr nötig haben, werden sie freundlichst aufgenommen. Auch war es sehr nötig, daß die Beschwerden der bedrängten evangelischen Städte vorgebracht wurden, da besonders die schwedischen Bevollmächtigten davon noch wenig wußten. Durch die Replik der fremden Kronen sind die Verhandlungen wieder ins Stocken geraten, doch ist durch Trautmannsdorfs Dexterität und Eifer die Sache wieder in den Fluß gekommen. Die Verhandlungen werden dadurch sehr verzögert, daß sie an zwei verschiedenen Orten stattfinden; doch ist dem Bestreben der Katholiken, sie nach Münster hinüberzuziehen, nicht nachzugeben, weil sie dort durch die Gesandten des Papstes, Frankreichs und der Herrschaft Venedig allzusehr beeinflußt würden. Daß Satisfaktion und Restitution von einander getrennt werden, ist nicht zuzugeben, weil dadurch die Kronen von den Ständen getrennt würden. Die Satisfaktion (durch Abtretung deutscher Gebiete an die fremden Kronen) macht besonders den Reichsstädten, welche dabei interessiert sind, recht schwere Gedanken. Die kirchlichen Beschwerden der Evangelischen sind zusammengestellt, auch die der Katholiken werden bald zusammengetragen sein, so daß man über diese Dinge verhandeln kann; aber für die militärischen Beschwerden wegen Einquartierungen und Kontributionen ist auf Abstellung, die doch so dringend not thäte, wenig Aussicht vorhanden, da auch die andern Stände in diesem Spital krank liegen: die Herren Generale wollen sich von den Diplomaten nichts befehlen lassen. Indem Wagner all diese Schwierigkeiten, zu denen noch die Differenz zwischen den Augsburger Konfessionsverwandten und Reformierten, die Eifersüchteleien zwischen Österreich und Baiern kommen, überblickt, bricht er in die Worte aus: „So will es noch der Zeit zu glücklichem Fort- und Ausgang vor menschlichen Augen ein schweres Ansehen haben, und diese Traktaten sich nicht unfüglich einem abysso und tiefen Abgrund, darüber demjenigen, der tief hineinstehet, ein Schwindel zugehet, vergleichen lassen." Aber bei dem thatkräftigen und glaubensstarken Mann kann die pessimistische Stimmung nicht die Oberhand behalten, er fährt fort: „Doch ist Gott zu danken, daß die Präliminarstreitigkeiten akkommodiert, die Partikularverhandlungen, auf welchen der Evangelischen Ruin stehet, vermieden, offene allgemeine Traktaten herbeigeführt und es dahin gebracht ist, daß neben den auswärtigen Potentaten alle und jede Reichsstände um ihres dabei versierenden Interesses willen dazu gezogen worden sind, auch die Beratung über die Replik im Schwang daher gehet, besonders bei dem Fürsten- und Städterat, und jedermann bemühet ist, einen Erfolg herbeizuführen, ehe weitere kriegerische Ereignisse wieder eine Störung verursachen."

Wagner hat sodann vom 24. Januar bis 22. Juli 1646 57 Sitzungen des Rates der evangelischen Städte unter dem Direktorium von Straßburg zu Osnabrück beigewohnt, auch in den meisten Sitzungen, und zwar immer mit Vermeidung der „Extremitäten", gesprochen. Es wurden zuerst die einzelnen Bestimmungen des Friedensschlusses nach dem von Schweden aufgestellten Entwurf durchberaten und die „Bedenken" zu jedem Paragraph festgestellt, dann über dieselben mit dem Fürstenrat und mit den katholischen Städten zu Münster durch Abgeordnete konferiert, auch das ganze Ergebnis der Beratungen den kaiserlichen und schwedischen Bevollmächtigten vorgelegt. So viel wurde dabei erreicht, daß die katholischen Reichsstädte, an deren Spitze Köln stand, mit den evangelischen über ihre politischen Forderungen sich vereinigten, auch daß Fürsten und Reichsstädte sich verabredeten, ihre Anträge gegenseitig zu unterstützen.

Durch alle Verhandlungen zieht sich wie ein roter Faden der Präzedenzstreit zwischen Reichsstädten und Reichsritterschaft: welche von beiden sollten im Friedensvertrag zuerst genannt werden? In der 56. Sitzung endlich beschloß man, das Wort „Städte" zu umgehen und bei Aufzählung der Glieder des Reichs zu sagen: Kurfürsten, Fürsten, Stände und unmittelbare Reichsritterschaft (electores, principes, status et immediata imperii nobilitas).

Es war also durch diese Beratungen eine Einigung der Reichsstände in wichtigen politischen Fragen wenigstens angebahnt. Daß man bei Fragen der hohen Politik auf die Stimme der Reichsstädte viel hören werde, glaubte Wagner wohl nicht, und so schien ihm seine Wirksamkeit auf dem Kongreß mit der Teilnahme an diesen reichsstädtischen Beratungen abgeschlossen. Obgleich zu Osnabrück hochgeehrt und gewöhnlich in die Abordnungen zu den Bevollmächtigten und fürstlichen Gesandten neben den Abgeordneten von Straßburg und Lübeck mitgewählt, sehnte er sich nach Hause, wie auch sein Freund, der Stadtarzt Molsdorf genannt Weller, in einem lateinischen Gedichte vom 24. Juli ihn auffordert, zu seinen Freunden, seinen Kindern und besonders seiner Gattin zurückzukehren. Auch schadeten die vielen Schmausereien, welche mitzumachen er auf dem Kongreß genötigt war, seiner schwachen Gesundheit, und das ränkevolle Treiben der Diplomaten war ihm zuwider; bezeichnend ist dafür ein Spruch in seinem Tagebuch: Legatus est persona publica missa ad mentiendum (ein Gesandter ist eine öffentliche Person, ausgesandt zu lügen).

So kehrte denn Wagner Ende August 1646 nach Eßlingen zurück, wofür er den Grund angab, als Weinbergbesitzer müsse er bei der bevorstehenden Lese zugegen sein. Er war nämlich, wie viele andere Herren in Eßlingen, Weinbauer und Weinhändler; Tobias Wagner sagt: „Wie oft hat er die Fässer seines Kellers durch Einkaufen angefüllt, die er früher durch Verkaufen geleert hatte, wobei überdies aus den eigenen Weinbergen eine solche Fülle ihm zuströmte, daß er sagen konnte, es träufle ihm Most aus den Felsen." Den ersehnten Frieden freilich und die Erleichterung von Quartieren und Kontributionen konnte er seiner Vaterstadt nicht mitbringen, er mußte sich darüber mit seinem Wahlspruch trösten: Multa sperata non eveniunt, multa eveniunt non sperata (Viel, was man hofft, geschiehet nicht, Viel, was man nicht verhofft, geschicht).

An Versuchen, den Eßlinger Abgeordneten zur Rückkehr nach Osnabrück zu bewegen, fehlte es nicht. In der Ratssitzung vom 3. November 1646 wurde ein sehr bewegliches Schreiben von Bürgermeister und Rat zu Memmingen, Lindau, Isny und Leutkirch, die sich deshalb auch schon an Reutlingen, Nördlingen, Hall und Heilbronn gewendet haben, verlesen, den H. Oberumgelder zu disponieren, daß er sich wieder nach Westfalen erhebe; „beruht auf weiterem Nachgedenken", lautet der Ratsbeschluß. — An Wagners Stelle zu Osnabrück trat sein Freund, der Lindauer Syndikus Valentin Heyder, und dieser hat dort ausgeharrt und auch den Westfälischen Friedensschluß unterschrieben.

Wagner trat also im September 1646 wieder sein Amt als Oberumgelder in seiner Vaterstadt an. Es war damals eine sehr schlimme Zeit für Eßlingen und ganz Schwaben, welche bis zum Ende des Krieges fortdauerte, Land und Leute litten furchtbar unter den Verheerungszügen der **Schweden und Franzosen**. Bisher waren die Batern noch Herren in Schwaben gewesen, aber am 30. Aug./8. Sept. 1646 eroberte Turenne Schorndorf und legte in diese Festung 400 Franzosen, zu deren Unterhalt der Herzog von Württemberg 2700, die Stadt Eßlingen

600 Reichsthaler monatlich bezahlen mußten, und diese Gelder wurden mit unnachsichtlicher Härte eingetrieben. Der Kommandant von Schorndorf schickte, wenn das Geld nicht auf die bestimmte Zeit einlief, einen Offizier in die Stadt, welcher dort auf Kosten derselben so lange blieb, bis die Zahlung erfolgte. Zugleich forderte ein bairischer Kriegskommissär 150 Reichsthaler monatlich für die Besatzung von Heilbronn! Den Franzosen in Schorndorf sollten auch Pferde, Schuhe, Pulver, Hufeisen und Nägel geliefert und Schanzgräber gestellt werden. Für dies alles sollte der Oberumgelder die Mittel aufbringen; im September wurde daher eine neue Eidsteuer umgelegt. Um Erleichterung zu bekommen, stellte man sogar einen Agenten am französischen Hofe an. Dieser wirkte zwar einen Befehl des Königs zur Schonung der Stadt aus, aber die Generale beeilten sich nicht, demselben nachzukommen. Ende Dezember 1646 muß der Oberumgelder zu dem bairischen General Geleen nach Ulm reisen, um sich zu beklagen, weil die auf dem Asperg liegenden Kaiserlichen Möhringen verbrannt haben, und auch sonst die Angelegenheiten der Stadt zu betreiben. Er bleibt bis Anfang Februar 1647 dort, während sein Schwager, der Stadthauptmann Seefels, mit dem französischen Generalkommissär Tracy wegen Herabsetzung der Kontribution verhandelt. Dazu fordert der Proviantmeister der Königsmarckschen Armee Lieferungen für diese nach Gmünd. Vom März bis September herrschte Waffenstillstand zwischen den feindlichen Heeren, aber die Bedrückung und Aussaugung der Bürger dauerte dabei fort.

Unter diesen Umständen wurde Wagner am 25. Juli 1647 zum **Bürgermeister** gewählt, und es scheint fast, man habe ihm dieses Amt, wie früher das eines Oberumgelders, nur deßhalb übertragen, weil kein andrer sich vorfand, der die Lasten desselben zu tragen vermochte. Jedenfalls hatte er sich in einem aristokratisch regierten Gemeinwesen als Neuling, ohne einer der regierenden Familien anzugehören, allein durch seine Tüchtigkeit, ja Unentbehrlichkeit zur höchsten Stelle emporgearbeitet. Hocherfreut über seine Erhebung waren seine Freunde, besonders der Kanzler Burkhard, der sich noch bei dem Kongreß in Westfalen befand. Dieser, der immer im Briefwechsel mit ihm geblieben war und ihm über den Gang der Verhandlungen Mitteilung gemacht hatte, begrüßt in einem von Münster den 17. August datierten Schreiben den neuen Konsul und wünscht, daß unter seinem Konsulat der Friede möchte abgeschlossen werden.

Bei den schweren Opfern, die immer noch von der Eßlinger Bürgerschaft gefordert wurden, war es gewiß ein großes Glück, daß ein Mann an der Spitze der Stadt stand, an dessen Rechtlichkeit niemand zu zweifeln wagte, von dem also auch vorauszusetzen war, daß er die eingezogenen Gelder nur zur Rettung der bedrängten Gemeinde verwenden werde.

Nach Aufkündigung des Waffenstillstands im September nämlich steigerten sich wieder die Forderungen von seiten beider Kriegsheere, des schwedisch-französischen und österreichisch-bairischen, im August kam bairische, im November französische Einquartierung. Dazu kamen viele Truppendurchzüge, und die Brücken oberhalb und unterhalb der Stadt wurden dazu wieder in Stand gesetzt. Im September wurden Eßlinger Kaufleute, welche nach Frankfurt reisen wollten, von dem französischen Intendanten in Heilbronn festgehalten und bedroht, sie würden nicht freigelassen werden, bis die Kontribution bezahlt wäre. Am 20. Januar 1648 wurde von den Geheimen dem versammelten Rat folgende Rechnung vorgelegt: die Stadt hat innerhalb vier Monaten zu bezahlen für die kurbairische Armee 26 400, nach Heilbronn 10 000, für Schanzgeld ebendahin 50, auf den Asperg Geld und Proviant 1500, Schanzgeld nach Schorndorf 250, zusammen 38 200 fl. Der Rat beschließt, die Geheimen und Kontributionsverwalter sollen darauf denken, wie alles bezahlt werde. So mußten denn Steuern und Steuerrückstände wieder mit Androhung von Turmstrafen eingezogen und Aufbringung einer Anleihe von den vermöglichen Bürgern versucht werden.

Einen besonders bösen Handel hatte die Stadt mit dem kaiserlichen Obersten Bormann v. Kessel, welcher auf dem Asperg saß. Wie Wiederhold auf dem Hohentwiel, so sandte auch er seine Streifscharen aus, um die umliegenden Ortschaften entweder zu plündern oder Kriegssteuer von ihnen zu fordern. Häufig wurden von ihm die Bewohner der Spitalorte Möhringen und Vaihingen heimgesucht, so daß dieselben, wie sie es früher schon gethan hatten, auf Wochen und Monate nach Stuttgart flüchteten. Der Oberst verlangte von der Stadt Eßlingen monatlich 400 fl. und Proviant. Diese wollte höchstens 300 fl. geben. Da schickte der Oberst am 31. Dez. 1647 eine Streifschar nach Sirnau, welche den Hof ausplünderte und den Spitaloberschreiber, Hans Wendel Pauli, gefangen fortführte. Die Stadt wandte sich um Interzession an den Schirmstaat Württemberg, auch an den Kurfürsten von Baiern. Dieser antwortete, er habe die Sache dem Kaiser angezeigt. Man wartete nun lange darauf, daß der Kaiser in der Sache etwas thun werde, doch vergebens. So mußte man denn zuletzt den Stadthauptmann an den Obersten abschicken und einen Vertrag mit ihm schließen, worauf der Spitaloberschreiber am 8. Februar 1648 freigegeben wurde. Erst im August befahl der kaiserliche

General Bönnighausen dem Oberst Kessel, sich mit 300 fl. Kontribution zu begnügen. Am 19. September 1649 zog — zur Freude der Möhringer und Vaihinger — Oberst Kessel vom Asperg ab, und es zog dort württembergisch Volk ein.

Im Januar 1648 wurde Eßlingen noch einmal von den Baiern bedroht und mußte eine Schwadron Reiter aufnehmen. Da die Baiern bald vor dem in Masse anrückenden Heere Turennes zum Rückzug gezwungen wurden, mußte die Stadt sich wegen Aufnahme feindlicher Truppen bei den Franzosen entschuldigen, hatte aber dabei einen Fürsprecher an dem Kommandanten von Schorndorf. Es wurde nun der Stadt und den Herrschaften Wiesensteig und Heidenheim im April die Verpflegung des Regiments Duras auferlegt. Für dasselbe hatte sie schon im Mai 4640 fl. und 1200 fl. zum Ankauf von Pferden ausgelegt, bald gab es wieder Streitigkeiten wegen der Bezahlung der Kontribution, und der regierende Bürgermeister mußte anfangs Juni aus dem Bade zurückkehren, um die stockende Kontribution wieder in Gang zu bringen.

Im Frühjahr sammelte sich das ganze französisch-schwedische Heer zu einem Einfall in Baiern. In der Schlacht von Zusmarshausen bei Augsburg, den 7./17. Mai 1648 wurde zum letztenmal in diesem Kriege das Brennusschwert in die Wagschale geworfen, um endlich den Kaiser und den Baierfürsten zum Nachgeben und Frieden zu zwingen. Aber das Amtsjahr Wagners verfloß, ehe der Kongreß in Westfalen den Frieden zustande brachte. Wagner war Altbürgermeister und Spitalvogt, als endlich die Kunde von dem am 14./24. Oktober abgeschlossenen Frieden nach Eßlingen kam; im nächsten Jahre wurde er dann Kastenvogt und blieb so im Ämterwechsel bis zu seinem Tode.

Der Friede jedoch brachte dem bedrängten Volke noch keine Erleichterung, die zwei Hauptübel, Kontributionen und Einquartierung, dauerten fort. Gleich nach dem Friedensschluß erklärte das Umgelderamt, es sei kein Geld vorhanden, und doch brauche man in der nächsten Zeit wenigstens 30 000 fl., um 7000 fl., welche von früheren Einquartierungen noch im Rückstand waren, 7760 fl. an den schwedischen Satisfaktionsgeldern und einen Teil der 100 Römermonate, welche der Kaiser im Frieden von der Stadt sich ausbedungen hatte, zu bezahlen. Der Rat schrieb nun auf November eine Doppelsteuer aus, mahnte zu strengem Einzug der rückständigen Steuern, suchte bei vermöglichen Bürgern eine Anleihe auf drei Monate zu machen und forderte von Dienstboten und Handwerks= gesellen ein Zehntel ihres Taglohns. Auch im Jahre 1649 und 50 dauerten die außerordentlichen Monatssteuern fort, um die Satisfaktionsgelder, die Römermonate, 15 000 fl. für Einquartierung, auch die jetzt wieder bringend be= gehrten Beiträge für das Reichskammergericht und den Schwäbischen Kreis zu zahlen. Wagner hatte auf den Kreistagen sich zu wehren, daß der Stadt nicht zu viel aufgebürdet würde. Nicht ohne Streit räumten im Februar 1649 die Franzosen den Schweden die Quartiere in der Stadt ein. Es kamen ein Regimentsstab und zwei Kompanien vom Regiment des schwedischen Generalleut= nants Douglas hieher, welche erst abzogen, nachdem Eßlingen seinen Anteil an den Satisfaktionsgeldern, 39 666 fl., bezahlt hatte. Wagner, der 22 Jahre früher die ersten fremden Truppen hatte hereinführen helfen, gab nun, wieder regierender Bürgermeister, am 11. August 1650 den letzten das Geleite.

IV.

Die Friedensjahre bis zu Wagners Tod 1661.

Am 11. August 1650, dem Tage des Abzugs der fremden Truppen, feierte die Eßlinger Gemeinde ihr Friedensdankfest. Der regierende Bürgermeister wollte es zwar in der Sitzung vom 8. August hinausgeschoben wissen, weil an die Stadt noch immer große und unerträgliche Forderungen gemacht wurden, aber die Geistlichkeit setzte die Feier durch, und der Pfarrherr Tobias Wagner gab nachher eine zu Ulm gedruckte Beschreibung derselben heraus. Er vergleicht in seiner Predigt den langwierigen Krieg mit der Sündflut, weil er, wie diese, teils schrecklich, teils tröstlich gewesen sei.

Aber von Tröstlichem war in der Stadt wenig zu sehen. Ihre Einwohner waren durch den langen Krieg verarmt und verwildert. Unter allen Ständen herrschten „Saufen und Spielen, Faulenzen und Verprassen, Hoffart und übermäßige Kleiderpracht; schamlose Unzucht, gotteslästerliches Fluchen und Schwören, Unredlichkeit und Betrug waren ganz gewöhnlich." Am 11. August 1653 erklärte Bürgermeister Schloßberger öffentlich in der Ratsversammlung: „Es ist leider heutigen Tags wenig Redlichkeit und Gewissen mehr da, und wo der meiste Teil einen Vorteil ersieht, da sperrt sich niemand, sondern es will weder Gott noch Gewissen beachtet werden, der Betrug ist gar zu groß." Besonders war die während des Krieges aufgewachsene Jugend verwildert und zuchtlos. Dazu kam die üble Finanzlage der Stadt. Dieselbe berechnete ihre baren Auslagen von 1634 bis 1650 auf 1200000 fl., und ihre Schuldenlast hatte eine Höhe von beinahe 300000 fl. erreicht. Auf alle Weise suchte man zu helfen. Die außerordentlichen Monatssteuern, kaum abgeschafft, wurden wieder erhoben; man erhöhte die Abgabe von dem Eimer Wein von 15 auf 50 kr., man führte nach württembergischem Vorbild eine Accise ein, man bat den Kaiser um Verlängerung der Zollerhöhung. Auf der andern Seite suchte man die Ausgaben zu verringern, indem man den Kaiser bat, den Römermonat, nach welchem die Leistungen an das Reich und den Kreis bestimmt wurden, für die Stadt auf 146 statt 220 fl. festzusetzen, und indem man die Gläubiger zu überreden suchte (dabei entwickelte Wagner wieder seine Gewandtheit), entweder von der Kapitalsumme etwas nachzulassen oder sich mit der Hälfte des Zinses zu begnügen. Aber diese Mittel alle wollten nicht ausreichen. Denn die Landwirtschaft, besonders der Weinbau, auf welchem der Reichtum der Stadt beruhte, lag darnieder, viele Äcker und und Rebstücke waren unbebaut. Infolge der Unsicherheit der Straßen während des Krieges stockte der Handel; auch die Gewerbe in der Stadt litten große Not. Zu allem Unglück hin brachen auch die Streitigkeiten mit dem Herzog von Württemberg, welche während des Krieges geruht hatten, gleich nach demselben wieder aus. Endlich wurde die Stadt in jener Zeit durch unvorhergesehene Unglücksfälle heimgesucht, im Januar 1651 durch einen verheerenden Wolkenbruch, im Januar 1654 durch eine große Feuersbrunst, im Jahr 1655 durch ein Erdbeben.

Durch diese betrübten Umstände jedoch ließen die beiden treuen Ratgeber derselben, Johann Konrad Kreidenmann und Georg Wagner, sich nicht abhalten, mit Rat und That ihr beizuspringen. Beide verfaßten, jener 1652, dieser 1656 eine Denkschrift über den Zustand der Stadt und dessen Besserung.

Als Grundlage aller Wohlfahrt empfehlen beide die Gottesfurcht, das Festhalten an der reinen evangelischen Lehre, wobei Wagner hinzufügt, man solle doch ja verhüten, daß die päpstliche Religion, welche in dem Kaisersheimer Hof noch exerziert werde, sich weiter in der Stadt ausbreite. Auch gute Schulen sollte die Stadt besitzen, in welchen die heranwachsende Jugend zur Gottesfurcht und rechtem Bürgersinn erzogen würde. Seit dem 13. Jahrhundert bestand in Eßlingen eine lateinische Schule; da in derselben Unordnung und Unbotmäßigkeit eingerissen war, wurde 1642 eine neue Schulordnung für sie verfaßt, die aber erst nach dem Kriege durchgeführt werden konnnte, 1656 wurde in ihr noch eine IV. Klasse eingerichtet. Mit dieser Schule war seit 1598 verbunden das Collegium Alamnorum zur Bildung von Schullehrern und „zur Aufrichtung und Erhaltung der Kirchenmusik", in welchem eine Anzahl junger Leute auf öffentliche Kosten unterhalten und gebildet wurden, um bei der Kirchenmusik, zur Aushilfe beim Pädagogium und zu Privatlektionen verwendet zu werden. Während des Krieges war auch diese Anstalt gänzlich in Zerfall geraten, Wagner aber ruhte nicht, bis sie durch eine Ordnung vom 9. November 1658 neu hergestellt, von den frühern Mängeln befreit und besser eingerichtet worden war. Außerdem besaß die Stadt zwei Volksschulen für Knaben und eine für Mädchen; für letztere wurde am 15. September 1665 eine „Schulfrau" angestellt und den Schulmeistern der Unterricht der Mädchen untersagt. Der Verwilderung der Kinder sollte auf jede Weise gesteuert werden. So wurde 1656 das Betteln am Pfeffertage (28. Dez.), das Maskieren und Herumziehen an der Fastnacht, das Umhersingen an Weihnachten und Neujahr verboten. Letzteres war nur den Lateinschülern unter Aufsicht ihrer Lehrer erlaubt und sie durften auch im Speisesaale des ehemaligen Franziskanerklosters geistliche oder allegorische Schauspiele aufführen (1657).

Doch auch der Ausgelassenheit der Erwachsenen mußte man entgegentreten. Dazu erließen die Väter der Stadt am 3. Mai 1653 eine Verordnung: nach dem Läuten der Betglocke sollte niemand mehr ohne Licht auf der Straße sich sehen lassen; Leute, welche sich balgten und lärmten, oder solche, welche verbotene Waffen bei sich führten, sollten sogleich in den Turm gebracht werden; die Wirte sollten Strafe leiden, wenn sie nach der Weinglocke das Zechen und Tanzen der Knechte und Mägde in ihren Stuben duldeten. Auch die Kunkelstuben und Lichtkärze wurden untersagt, „weil bei denselben allerlei Leichtfertigkeiten und Bosheiten verübt und von den Dienstboten ihren Herrschaften Wein und Lebensmittel entwendet werden, um sich dabei zu belustigen und ihren Mutwillen pflegen zu können." Auch wurden Verbote erlassen gegen den Fastnachtstanz der Metzger (als einen katholischen Brauch, ein gebührlicher Tanz an Lichtmeß wurde ihnen gestattet), das Schießen in der Stadt bei Hochzeiten und in der Neujahrsnacht, das Maienstecken an den Häusern, den großen Tumult und Mutwillen, den das ledige Gesinde Sonntags während der Nachmittagspredigten trieb (1662. 66. 67). Besonders verpönt war das „schädliche Tabaktrinken"; wer darüber betroffen wurde, mußte 1 Reichsthaler, wer Tabak verkaufte, 10 fl. Strafe zahlen (1655). Gegen Unmäßigkeit und Feinschmeckerei im Essen und Trinken und gegen übertriebene Kleiderpracht kämpften weltliche und geistliche Obrigkeit gleichermaßen an. Eine Kleiderordnung („Hoffartdekret") und eine Hochzeitordnung, welche aus Wagners eigener Feder geflossen sind, wurden beide am 5. Juli 1659 von dem Rate angenommen und an den darauffolgenden Sonntagen in der Kirche verlesen.

Die Hauptsorge der beiden Berater der Stadt war aber auf den finanziellen Zustand gerichtet. Sie empfahlen äußerste Sparsamkeit, Vermeidung aller unnötigen Ausgaben, genaue Buchführung, regelmäßige Rechnungsabhör und eifrigste Bemühung zur Abzahlung der Schulden: „Dann die Schuldenlast druckt mich und ist mir ein Greuel," sagt Wagner. Um das Rechnungswesen gründlich in Ordnung zu bringen, wurde auf Wagners Betreiben allen Beamten der Stadt, welche Kassen unter sich hatten, den Umgeldern, dem Spitalmeister, dem Kastenverwalter, dem Kaufhausverwalter, dem Zinsverwalter, dem Früchteverwalter, dem Forstamt befohlen, eine Zusammenstellung ihrer Einnahmen und Ausgaben von den Jahren zu Anfang des Kriegs 1618 und 1619 und nach Ende desselben 1652 und 1653 anzufertigen und dem

Rate zu übergeben mit einem Gutachten darüber, was dabei Schädliches und was Nützliches sei. Einer der Hauptschuldposten waren die 9000 fl., welche Konrad Wiederhold der Stadt zur Abzahlung der schwedischen Satisfaktionsgelder geliehen hatte; er hatte das Kapital 1656 aufgekündigt. Nun erinnerte Wagner die vermöglichen Bürger daran, daß sie früher zur Zeit des Kriegs gesagt hätten, sie geben weiß nicht was darum, wenn wieder Frieden wäre; dessen eingedenk sollen sie jetzt zusammenlegen, damit jene Summe, wenn nicht in einem, doch in drei Jahren zurückbezahlt werden könnte.

Um die Landwirtschaft wieder zu heben, erließ der Rat am 17. September 1649 eine Verordnung, welche den Eigentümern öde liegender Weingärten befahl, sie sogleich wieder anzubauen, weil man sie sonst zum Stadtgut ziehen würde. Im Jahre 1653 aber wurden alle, welche auf die vielen noch unangebauten Weingärten, Äcker, Gärten und Wiesen in der Stadtmarkung Ansprüche zu machen hätten, aufgefordert, sich innerhalb sechs Wochen zu melden und wegen des Wiederanbaus derselben zu erklären, indem man sonst dieselben, weil dadurch dem Stadtwesen an seinen Einkünften ein großes abgehe, für herrenlos erklären und von seiten der Obrigkeit darüber verfügen würde. Auch zum Anbau von Obstbäumen wurden die Bewohner der Stadt und der Weiler aufgemuntert, indem 'ein Beschluß vom 17. April 1657 jedem Bürger erlaubte, Obstbäume auf dem Allmanden zu setzen, welche, solange der Anpflanzer lebte, steuerfrei sein sollten.

Für Gewerbe und Handel konnte nur wenig geschehen. Die hiesigen Tuchmacher, welche sonst auf den Export gearbeitet hatten, waren während des Krieges zurückgekommen und mußten dadurch geschützt werden, daß man die Einfuhr fremder Tücher verbot. Regelmäßige

Fuhren nach Nürnberg und Ulm fanden nicht mehr statt, die Straßen waren in zu schlechtem Zustande und wurden immer nur notdürftig ausgebessert. Auch mit den Gast=
höfen in der Stadt war es nach Wagners Bericht übel bestellt und es war Gefahr vorhanden, daß der Verkehr sich vollends von der Stadt abwende.

So sehen wir, wie Wagner an den gesetzgeberischen Arbeiten, durch welche man nach dem verderblichen Krieg die zerfahrenen Verhältnisse wieder zu ordnen suchte, großen Anteil hat. Aber auch einen Zank hatte er noch auszu=
fechten und zwar mit dem benachbarten Württemberg.

Zwar hatte er in Stuttgart manchen guten Freund, be=
sonders, wie wir gesehen haben, den Dr. Burkhard († 1651). Auch war der Herzog Eberhard III. den Eßlingern eine Zeit lang wohl gewogen, da sie, als er bei seiner Rückkehr ins Land im Oktober 1638 seine Familie von Straßburg abholte, ihm Beihilfe geleistet hatten. Aber es gab eben Dinge, über welche der Fürst und die Bürger sich nie ver=
ständigen konnten, vor allem das Recht des Jagens und Holzhauens (jus venandi et lignandi).

Nun hatte die Stadt zwar dem Herzog das große Weid=
recht zugestanden und nur das kleine sich vorbehalten, aber vom Holzrecht wollte sie nicht lassen. So ließ denn im Frühjahr 1650 der Eßlinger Spitalmeister durch die Möhringer in deren Waldungen 130 Eichen fällen; die herzoglichen Beamten aber forderten von den Möhringern für jeden Baum 1 Pfund Heller Strafe, weil sie den Herzog nicht um Erlaubnis gefragt hätten. Der Rat zu Eßlingen nahm sich seiner Spitalbauern an und nannte den Strafansatz des Herzogs eine unerträgliche, alles Recht und unvordenkliche Herkommen beschränkende Neuerung. Die Stadt drohte mit einer Klage beim Kaiser, und Wagner brachte die Sache vor den Reichstag zu Regensburg, wo er sich von Anfang November 1652 bis Anfang Juli 1653 befand, — seine letzte große Gesandtschaftsreise. In seinem Bericht über diesen Reichs=
tag vom 13. Juli klagt er sehr, daß der Kaiser und die Kur=

fürsten alles entscheiden, die kleineren Stände nichts gelten, daß die Fürsten die Reichsstädte vielfach vergewaltigen, ohne zur Rechenschaft gezogen zu werden; daß man sich in den Sitzungen meistens mit nichtigen Dingen beschäftige und die Verhandlungen höchst schleppend seien. Doch hat er die Forderungen Eßlingens durchgesetzt, nämlich die Herabsetzung des Römermonats auf 146 fl. und einen Vergleich mit dem Herzog von Württemberg, wornach den Eßlingern bei größeren Holzschlägen nur die Anzeige bei den herzoglichen Forstbeamten auferlegt wurde.

Noch hitziger aber wurde der Streit zwischen dem Fürsten und der Reichsstadt, als der 1640 abgeschlossene Schirmvertrag im Jahre 1655 abgelaufen war und vor Erneuerung desselben beide Teile gegenseitig ihre Klagen vorbrachten. Die württembergischen Räte wiesen die Beschwerden der Eßlinger höhnisch zurück, die Stadt mußte zuletzt auf Abstellung derselben ganz verzichten und auch in die Erhöhung ihrer Hilfsmannschaft von 100 auf 150 Mann einwilligen, um die Erneuerung des Schirms, in welchen aber die Spitalorte diesmal nicht aufgenommen wurden, zu erlangen (12. Sept. 1657). Seinen Unmut über den Verlauf dieser Angelegenheit hat Wagner in einer Denkschrift vom 22. Januar 1658 niedergelegt, in der er unter anderem sagt, die Stadt, durch das Interregnum nach dem Tode Ferdinands III. schutzlos geworden, habe den Vertrag nur deshalb abgeschlossen, weil sie gefürchtet habe, demselben Schicksal anheimzufallen, wie es den Städten Donauwörth und Herford von benachbarten Fürsten bereitet worden sei, nämlich zu einer Landstadt gemacht zu werden. Natürlich hörten nach dem übereilten Abschluß des Vertrags die Streitigkeiten, besonders die über das Forstwesen, nicht auf, und wenn der eine Teil über Wildschaden klagte, beschwerte sich der andere über die Frechheit der Wilderer.

So hat es also dem streitbaren Bürgermeister an Gelegenheit zum Kampfe nicht gefehlt, aber auch die Anerkennung seiner Verdienste blieb nicht aus. Der Rat zu Nördlingen schickte ihm am 9. Mai 1651 einen silbernen Becher: dieses geringe Geschenk möge die große Dankbarkeit der Stadt für die Vertretung zu Osnabrück ausdrücken. Auch seine Mitbürger verehrten ihm am 22. Juli 1652 einen Silberbecher, begleitet von einer Urkunde, welche das von Wagner 1650 erkaufte Gut in Deizisau von allen Steuern, Fronen und Diensten befreite. Herzog Eberhard III. übersandte ihm am 15. März 1654 eine goldene Kette mit seinem Bilde. Seit seiner Rückkehr vom Westfälischen Friedenskongreß pflegte man ihn decus et ornamentum reipublicae Esslingensis (Zier und Schmuck des Freistaats Eßlingen) zu nennen. Auch der Graf von Castell, als er im März 1660 nach Eßlingen kam, um die Huldigung für den Kaiser Leopold I. entgegenzunehmen, erteilte dem Bürgermeister große Lobsprüche, weil er ihn so feierlich und zugleich so freundlich empfangen und ihm auf alle Fragen so kluge Antworten gegeben habe.

Während Wagner immer wieder öfters auf seinen diplomatischen Reisen von Hause abwesend war, wuchsen seine Kinder unter den Augen der Mutter, seiner geliebten „Cellia", heran. Die älteste Tochter, Anna Sabina, verheiratete sich am 23. August 1652 mit Georg Friedrich Walliser, der 1653 Stadtschreiber, 1682 Bürgermeister in Eßlingen wurde, sie starb aber schon 1670. Der einzige Sohn Wagners, Georg Friedrich, studierte von 1646 an sechs Jahre in Tübingen, machte dann große Reisen, kehrte 1655 nach seiner Vaterstadt zurück und wurde hier Ratsadvokat und 1658 Syndikus. Am 14. Juli 1656 heiratete er Elisabeth, die Tochter Valentin Heyders. Er war ein grundgelehrter Jurist und ein gewandter Diplomat, starb aber schon den 26. Juni 1672 kinderlos. Zu dem von

seinem Vater gestifteten Stipendium von 600 fl. für Eß=
linger Bürgersöhne hat er 1000 fl. hinzugefügt. Die dritte
Tochter Wagners, Anna Regina, verheiratete sich 10. Januar
1659 mit dem Arzt Joh. Ernst Lederer zu Eßlingen.

Vom Jahre 1656 an begann Wagner zu kränkeln, die
vielen anstrengenden Arbeiten und Reisen hatten seine
Gesundheit untergraben, Arzneien halfen nichts, er magerte
zum Skelett ab; zwar hatte er keine Schmerzen und
konnte auch schlafen, aber er litt an Atmungsbeschwerden
und hatte keinen Appetit. Seine Hausfrau war ihm eine
treue Pflegerin, da wurde ihm diese am 17. Februar 1660
durch eine nur dreitägige Krankheit plötzlich entrissen.
Seine Sehnsucht, der Entschlafenen nachzufolgen, war groß;
er war lebenssatt, und wenn man ihn an seine ruhmvolle
Vergangenheit erinnerte, so pflegte er zu sagen, die jetzigen
Herren sollen Gott danken, daß sie keine solche Gelegen=
heit, sich auf diese Weise in der Welt bekannt zu machen,
gehabt haben. Seine Arbeitsamkeit jedoch nahm nicht ab,
wenn er nicht ausgehen konnte, ließ er sich Akten in sein
Haus bringen; wenn er nicht schreiben konnte, diktierte er.
Noch auf seinem Totenbette sagte er, er habe noch drei
schwere Sachen vor, welche das Gemeinwohl betreffen, aber
wie Gott es wolle. In seinem letzten Lebensjahr 1661
hatte er noch die Freude, die vierte und die zweite Tochter
verheiratet zu sehen: Anna Christiana mit Johann Eber=
hardt Eckher, Dr. jur. und 1691 Bürgermeister, Anna Rosina
mit Johann Friedrich Gaupp, Syndikus zu Biberach.

Anfangs November 1661 begannen seine Kräfte merk=
lich abzunehmen. Er war auf den Tod gefaßt, wie seine
schon früher abgefaßte Todesbetrachtung (meditatio mortis)
bezeugt. In derselben legt er sein Glaubensbekenntnis ab,
als wahrer evangelischer Christ, bekennt seine Sünden und
dankt Gott und seinen Mitbrüdern für alle empfangenen

Wohlthaten. Er sagt darin: „Ich sage drittens hohen und großen Dank meiner hochgeehrten Obrigkeit, Herren Bürgermeister und Rat, einem ehrwürdigen Ministerio (Geistlichlichkeit) und Predigtamt allhier, auch meinen jederzeit in allen Ämtern getreuen Herrn Collegis, einer ganzen Bürgerschaft, Weib und Mann, hoch und nieder, auch außerhalb der Stadt allen meinen Bekannten, lieben und werten Freunden für alle Gewogenheit, Treue, Liebe und alle erwiesene Wohlthat." Darauf hin ließ er sich das heilige Abendmahl reichen. Am 14. und 15. November schien es sich mit ihm bessern zu wollen. Als am Abend des 15. November sein Beichtvater, der Pfarrherr Weinheimer, zu ihm kam, sagte er, er sei bereit zu sterben und ließ sich von ihm den Abendsegen beten. Nachdem der Pfarrherr weggegangen war, stand er noch auf und sprach mit seinen Kindern bis 10 Uhr. Als er sich wieder niedergelegt hatte, wurde er um 11 Uhr sehr schwach und starb sanft 2 Uhr morgens am 16. November 1661. „Du ehrlicher Mann, daß dich Gott mit Freuden erwecke!" pflegte er beim Tod eines Freundes zu sagen.

Bei der Einebnung des Friedhofs an der Hauptkirche Eßlingens ist die Grabstätte verschwunden, wo der große Bürgermeister der Reichsstadt, Georg Wagner, und neben ihm seine Gattin und sein Sohn ruhen. In jener Kirche selbst aber, zu der die hohe, ernste Gestalt so oftmals in bemütigem Glauben gewandert, hängt jetzt wieder sein Epitaphium mit seinem und seiner Gattin Bild und einem in lateinischer Sprache abgefaßten Lebenslauf.